福岡 浩
Fukuoka Hiroshi

自由国民社

〔序〕標準化・効率化が進む運営指導

1 これまでの経緯

2019（令和元）年5月29日付で、厚生労働省老健局総務課介護保険指導室長から各都道府県、指定都市、中核市の介護保険施設等指導監査担当課長宛てに、老指発0529第1号「**介護保険施設等に対する実地指導の標準化・効率化等の運用指針について**」が発出されました。

それまでの全国介護保険・高齢者保健福祉担当課長会議（以下、「課長会議」という）では、実地指導（現在の「運営指導」）の実施率の低いことや指導方法のバラツキなどが問題視されていました。

その後、2020年初めに感染が急拡大した新型コロナ感染症の影響もあり、指導の実施率はさらに急激に下がりました。2021年以降には、対面による指導には限界があり、指導時間を短縮したり、電話による指導や書面提出による指導に切り替えたりしながら細々と指導を継続していた自治体もありましたが、実施件数は増えませんでした。こうした状況を踏まえて厚生労働省老健局総務課介護保険指導室では、指導マニュアルの改訂を急ぐ必要があり、改訂版の発行が待たれていました。

2022（令和4）年3月31日付けで、厚生労働省老健局長から各都道府県知事、市（区）町村長宛てに、老発0331第7号「**介護保険施設等運営指導マニュアルについて（通知）**」が発出されました。しかし、これは実地指導マニュアルが改訂されたのではなく新たに「運営指導」という名称となり、全く新しい指導マニュアルとして登場しました。その後、ようやく**2024（令和6）年7月になって改訂されました（72ページ参照）。本書はこのマニュアルの改訂内容を踏まえて大幅に再編・改訂した改訂版です。**

2　効率化による運営指導の実施率改善へ

　これまで度々運営指導（旧実地指導を含む）の実施率が低いことが問題視されてきました。2021（令和3）年度の全国平均で実施率は、新型コロナの感染拡大の影響もあり、7.8％と低調でした。2018（平成30）年度でも18.3％でしたので、実施件数が半数以下に激減したことがわかります。

　新型コロナ感染症拡大の影響は予想外だったとしても、指定の期間（6年）内に一度も運営指導（旧実地指導を含む）を受けていない事業所が相当数あることは、以前から指摘されてきました。なお、令和4年度の実施率は、12.9％でした。

指導の実施率

介護サービスの種類	所管事業所数 (A)	実施事業所数 (B)	実施率(%) (B)/(A)
指定居宅サービス（予防含む）	169,528	19,666	11.6
介護保険施設サービス	13,884	2,466	17.8
指定居宅介護支援事業所及び 指定介護予防支援事業所	44,511	6,276	14.1
指定地域密着型サービス（予防含む）	74,734	10,737	14.4
合　計	302,657	39,145	12.9

出典：全国介護保険・高齢者保健福祉担当課長会議資料（令和6年3月）

　実施率が低い原因の1つは、指定事業者が増加しても運営指導を担当する職員を増やすことができず、人員不足が慢性化している自治体が多いからでしょう。厚生労働省老健局総務課介護保険指導室としては、こうした状況を放置できませんので、指導を効率的に行い、実施件数を増やし、実施率の改善を図りたいと考えています。そのために、前述の「**介護保険施設等運営指導マニュアル**」（令和6年7月改訂）が示されました。

3　国が示した「いわゆるローカルルール」への対応で標準化促進

　2024（令和6）年度の介護保険制度改正では、「いわゆるローカルルール」について、「令和6年度介護報酬改定に関する審議報告」（社会保障審

> **②いわゆるローカルルールについて**
> **【全サービス】**
> 都道府県及び市町村に対して、人員配置基準に係るいわゆるローカルルールについて、あくまでも厚生労働省令に従う範囲内で地域の実情に応じた内容とする必要があること、事業者から説明を求められた場合には当該地域における当該ルールの必要性を説明できるようにすること等を求める。
> （社会保障審議会第239回介護給付費分科会　参考資料１より）

議会介護給付費分科会）で、上記の通り方向性を示しています。

　これまでの実地指導（現・運営指導）は、いわゆるローカルルールを優先する指導が横行し、効率的に実施できていなかったことを念頭においた対応ではないかと考えられます。これによって、運営指導の効率化とともに標準化を促進する方向性が定まりました。

　旧実地指導マニュアルに比べ、**運営指導マニュアルが具体的かつ実効性を高める内容に変わったことも、ローカルルールの影響を最小限に抑える効果があるでしょう。**

4　その場しのぎの直前対策ではとても対応できない

　運営指導の実施件数を増やすには、効率的に実施するのは当然です。

　しかし実施件数を増やすこと自体が目的ではなく、実施件数を増やすことによって、より多くの介護保険施設・事業所が運営基準に沿った事業運営を行うようになり、その結果として、利用者に適切なサービスが提供されるということが究極的な目的なのです。

　効率的な運営指導を行うには運営指導の標準化が不可欠です。そこで、確認する項目や確認する文書類を明確に決めています。

　運営指導の基となる『指定居宅サービス等の事業の人員、設備及び運営に関する基準』や『指定居宅介護支援等の事業の人員及び運営に関する基準』など、各介護サービスの運営基準についてはこれまで以上にその内容の理解が求められるようになります。基が１つなのに、指導内容や指導の所要時間などに大きなバラツキが生じていた旧実地指導は、その実施方法

に属人的な要素も加わっていたり、ローカルルールを優先した指導であったり、様々な弊害がありながらも長く続けられてきました。

このように旧実地指導のやり方から大きく変わりましたので、介護保険サービス事業者は、これまでのような直前の運営指導対策でやり過ごすことが難しくなると受け止めなければなりません。むしろ、これまで以上に運営基準等について、事業所全体で理解度を底上げする必要があります。

言い換えれば、管理者だけが知っている運営基準ではなく、事業所の従業者一人ひとりが運営基準を理解した上で、運営指導で指摘事項ゼロの優良事業者となることを目指しましょう。そのためには日常的に業務の見直しと改善を行う必要があるものの、「運営指導指摘事項ゼロ」は決してできないことではありません。

そうすることが介護事業者としての経営力向上にもつながり、廃業が増えつつある厳しい介護業界で生き残ることができるのです。

本書では、オンライン等（オンライン会議システム、ホームページ等）の活用等による実施を含め、大きく変わった運営指導で何をどう確認されるのか、そのために介護事業運営をどう改善すべきなのかについて、具体的に解説していきます。

なお、最新の『「介護保険施設等の指導監督について（通知）」の一部改正について』（令和6年3月26日）を次のページ以下に示しましたので、一度内容をご確認の上で本書をお読みください。

最後になりましたが、本書が介護事業者の皆様の「運営指導の基本と実務対応」への理解を深める契機となり、ひいては健全で永続的な介護事業経営の一助ともなれば、筆者としては望外の喜びです。

2024年11月

福岡　浩

「介護保険施設等の指導監督について（通知）」の一部改正について

老発０３２６第６号
令和６年３月２６日

都道府県知事
各　　　　　　　殿
市（区）町村長

厚生労働省老健局長
（公印省略）

「介護保険施設等の指導監督について（通知)」の一部改正について

　介護保険法に基づく介護保険施設及び事業者に対する指導監督については、「介護保険施設等の指導監督について」（令和４年３月31日老発0331第６号当職通知）を参考に当たっていただくようお願いしてきたところです。

　今般、令和６年４月１日より、別紙のとおり、その一部を改正することとしましたので通知いたします。

　なお、今後の指導監督に当たっては、本指針の趣旨を踏まえ、実施していただきますようお願いいたします。

別添１　介護保険施設等指導指針

介護保険施設等指導指針

第１　目的

　この指導指針は、市町村（特別区を含む。以下同じ。）が介護保険法（平成９年法律第123号。以下「法」という。）第23条の規定による居宅サービス等（居宅サービス（これに相当するサービスを含む。）、地域密着型サービス（これに相当するサービスを含む。）、居宅介護支援（これに相当するサービスを含む。）、施設サービス、介護予防サービス（これに相当するサービスを含む。）、地域密着型介護予防サービス（これに相当するサービスを含む。）若しくは介護予防支援（これに相当するサービスを含む。）をいう。以下同じ。）を担当する者又はこれらの者であった者（以下「居宅サービス担当者等」という。）に対して行う保険給付に関する文書その他の物件の提出若しくは提示の求め若しくは依頼、又は質問若しくは

照会に基づく指導、及び厚生労働大臣又は都道府県知事が法第24条の規定による居宅サービス等を行った者又はこれを使用する者（以下「居宅サービス実施者等」という。）に対して行う居宅サービス等の内容並びに介護給付及び予防給付（以下「介護給付等」という。）に係る費用（以下「介護報酬」という。）の請求に関する報告若しくは当該居宅サービス等の提供の記録、帳簿書類その他の物件の提示及び質問に基づく指導について、基本的事項を定めることにより、居宅サービス等の利用者又は入所者若しくは入居者（以下「利用者等」という。）の自立支援及び尊厳の保持を念頭において、居宅サービス担当者等及び居宅サービス実施者等（以下「介護保険施設等」という。）の支援を基本とし介護保険施設等が行う介護給付等に係る居宅サービス等（以下「介護給付等対象サービス」という。）に関するサービスの質の確保及び保険給付の適正化を図ることを目的とする。

第2　指導方針

　　指導は、介護保険施設等に対し、「指定居宅サービス等の事業の人員、設備及び運営に関する基準」（平成11年厚生省令第37号）及び「指定居宅サービスに要する費用の額の算定に関する基準」（平成12年厚生省告示第19号）等（以下「基準等」という。）に定める介護給付等対象サービスの取扱い、介護報酬の請求等に関する事項について周知徹底させることを方針とする。

第3　指導形態等

　　指導の形態は、次のとおりとする。

　1　集団指導

　　　集団指導は、都道府県知事又は市町村長が主体となり、指定又は許可の権限を持つ介護保険施設等に対し、介護給付等対象サービスの取扱い、介護報酬請求の内容、制度改正内容及び高齢者虐待事案をはじめとした過去の指導事例等に基づく指導内容について、年1回以上、一定の場所に集めて講習等の方法により行う。なお、オンライン等（オンライン会議システム、ホームページ等。以下同じ。）の活用による動画の配信等による実施も可能とする。（下線は著者）

　2　運営指導

　（1）運営指導の形態

　　　運営指導は次のア～ウの内容について、原則、実地に行う。また、都道府県知事又は市町村長が単独で行うものを「一般指導」とし、厚生労働大臣及び都道府県知事若しくは市町村長、又は都道府県知事及び市町村長（指定都市及び中核市の長を除く。）が合同で行うものを「合同指導」とする。

　　　なお、ア～ウの実施については、効率的な実施の観点から、それぞれ分割して実施することも差し支えない。

ア　介護サービスの実施状況指導
　　　　個別サービスの質（施設・設備や利用者等に対するサービスの提供状況
　　　を含む）に関する指導
　　イ　最低基準等運営体制指導
　　　　基準等に規定する運営体制に関する指導（ウに関するものを除く。）
　　ウ　報酬請求指導
　　　　加算等の介護報酬請求の適正実施に関する指導
（2）実施頻度
　　　運営指導は、原則として指定又は許可の有効期間内に少なくとも1回以上、
　　指導の対象となる介護保険施設等について行う。なお、居宅サービス（居住
　　系サービスに限る。）、地域密着型サービス（居住系サービス又は施設系サー
　　ビスに限る。）又は施設サービスについては、3年に1回以上の頻度で行うこ
　　とが望ましいものとする。
（3）運営指導の内容
　　　運営指導の実施に当たっては、基準等への適合性に関し、介護保険施設等
　　による自己点検を励行するものとし、上記（1）ア及びイについては、介護
　　サービスの質の確保、利用者保護等の観点から重要と考えられる標準的な確
　　認すべき項目（以下「確認項目」という。）及び標準的な確認すべき文書（以
　　下「確認文書」という。）に基づき実施する。なお、サービス種別毎の確認項
　　目及び確認文書については別に定める。
　　　また、運営指導（上記（1）ア及びイに限る。）においては、確認項目以外
　　の項目は、特段の事情がない限り確認を行わないものとし、確認文書以外の
　　文書は原則求めないものとする。

第4　指導対象
　　指導は全ての介護保険施設等を対象とし、効率的な指導を行う観点から、その
　選定については一定の方針に基づき行う。
（1）集団指導の対象
　　　集団指導は、都道府県知事又は市町村長が指定、許可の権限を持つ全ての
　　介護保険施設等を対象に行う。なお、都道府県知事又は市町村長は、その指
　　導内容等により、サービス種別毎の実施や新規指定又は管理者の変更があっ
　　た介護保険施設等を対象として別途実施する等、より一層内容の理解が図ら
　　れるよう努める。
（2）運営指導の対象
　　ア　一般指導
　　　　一般指導は、実施頻度や個別事由を勘案し、原則毎年度、計画的に実施
　　　できるよう都道府県知事又は市町村長が、介護保険施設等を選定する。

イ　合同指導

　　　　　合同指導は、一般指導の対象とした介護保険施設等の中から選定する。

　（3）都道府県知事及び市町村長の連携

　　　　都道府県知事及び市町村長は互いに連携を図り、必要な情報交換を行うことで適切な集団指導及び運営指導の実施に努めるものとする。

第5　指導方法等

　1　集団指導

　（1）実施通知

　　　　都道府県知事及び市町村長は、集団指導の日時、場所、出席者、指導内容等を文書により当該介護保険施設等に対して原則として集団指導実施日の2月前までに通知する。

　（2）指導方法

　　　　実施に当たっては、介護保険施設等に対して、指導内容の理解を深めるため質問や個別相談等の機会を設ける等、工夫するとともに、実施体制等により単独での実施が困難な場合は、都道府県又は市町村が合同で実施することを検討する。

　　　　また、都道府県知事又は市町村長が集団指導を実施する場合、その内容について都道府県管内での整合を図るため、相互に事前の情報提供を行う等、連携を図るものとする。

　　　　なお、集団指導に参加しなかった介護保険施設等に対しては、使用した資料の送付等により確実に資料の閲覧が行われるよう情報提供するとともに、オンライン等の活用による動画の配信等による場合は、配信動画の視聴や資料の閲覧状況について確認する。（下線は著者）

　2　運営指導

　（1）実施通知

　　　　都道府県知事及び市町村長は、指導対象となる介護保険施設等を決定したときは、次に掲げる事項を文書により当該介護保険施設等に原則として運営指導実施日の1月前までに通知する。

　　　　ただし、指導対象となる介護保険施設等において高齢者虐待が疑われる等の理由により、あらかじめ通知したのでは当該介護保険施設等の日常におけるサービスの提供状況を確認することができないと認められる場合は、指導開始時に次に掲げる事項を文書により通知する。

　　　①　運営指導の根拠規定及び目的

　　　②　運営指導の日時及び場所

　　　③　指導担当者

④ 介護保険施設等の出席者（役職名等で可）

⑤ 準備すべき書類等

⑥ 当日の進め方、流れ等（実施する運営指導の形態、スケジュール等）

（2）指導方法

　　運営指導は、関係者から関係書類等を基に説明を求め面談方式で行う。なお、施設・設備や利用者等のサービス利用状況以外の実地でなくても確認出来る内容（最低基準等運営体制指導及び報酬請求指導に限る。）の確認については、情報セキュリティの確保を前提としてオンライン等を活用することができる。活用に当たっては、介護保険施設等の過度な負担とならないよう十分に配慮する。

（3）運営指導の留意点

　ア　所要時間の短縮等

　　　運営指導の所要時間については、確認項目を踏まえることで、一の介護保険施設等当たりの所要時間をできる限り短縮し、介護保険施設等と自治体双方の負担を軽減し、運営指導の頻度向上を図る。

　イ　同一所在地等の運営指導の同時実施

　　　同一所在地や近隣に所在する介護保険施設等に対する運営指導については、できるだけ同日又は連続した日程で行うなどにより効率化を図る。

　ウ　関連する法律に基づく監査の同時実施

　　　老人福祉法等介護保険法に関連する法律に基づく監査との合同実施については、介護保険施設等の状況も踏まえた上で、自治体の担当部門間で調整を行い、同日又は連続した日程で行うことを一層推進する。

　エ　運営指導で準備する書類等

　　　運営指導において準備する文書は、原則として、前年度から直近の実績に係るものとし、介護保険施設等に対して運営指導の事前又は当日に提出を求める資料及び書類の写等については1部とし、自治体が既に保有している文書（新規指定時、指定更新時及び変更時に提出されているもの等）については再提出を求めない。

　　　また、介護保険施設等において作成、保存等が行われている各種書面について、当該書面に代えて電磁的記録により管理されている場合は、ディスプレイ上で内容を確認することとし、別途、印刷した書類等の準備や提出は求めない。

　オ　利用者等の記録等の確認

　　　利用者等へのサービスの質を確認するためにその記録等を確認する場合は、特に必要と判断する場合を除き、対象は原則として3名以内とする。

　　　ただし、居宅介護支援事業所については、原則として介護支援専門員1人あたり1名～2名の利用者についてその記録等を確認する。

カ　事務受託法人等の活用

　　　実施体制等により単独での実施が困難な場合や第3の2（2）で規定する実施頻度で実施することが困難な場合は、法第24条の2第1項第1号に規定する指定市町村事務受託法人及び法第24条の3第1項第1号に規定する指定都道府県事務受託法人の活用や地方自治法（昭和22年法律第67号）第252条の7に規定する機関等の共同設置を行うなど、複数の市町村と合同で実施すること等について検討すること。

（4）指導結果の通知等

　　　運営指導の結果、人員、施設及び設備又は運営について改善を要すると認められる事項がある場合、介護報酬請求について不正には当たらない軽微な誤りが認められ過誤による調整を要すると認められる場合には、後日文書によってその旨を通知する。

（5）報告書の提出

　　　都道府県知事又は市町村長は、当該介護保険施設等に対して、文書で通知した事項については、文書により報告を求めるものとする。

第6　監査への変更

　　運営指導を実施中に以下に該当する状況を確認した場合は、運営指導を中止し、直ちに「介護保険施設等監査指針」に定めるところにより監査を行い、事実関係の調査及び確認を行うものとする。

　　1　都道府県知事及び市町村長が定める介護給付等対象サービスの事業の人員、施設及び設備並びに運営に関する基準に従っていない状況が著しいと認められる場合又はその疑いがあると認められる場合

　　2　介護報酬請求について、不正を行っていると認められる場合又はその疑いがあると認められる場合

　　3　不正の手段による指定等を受けていると認められる場合又はその疑いがあると認められる場合

　　4　高齢者虐待等により、利用者等の生命又は身体の安全に危害を及ぼしていると認められる場合又はその疑いがあると認められる場合

第7　指導にあたっての留意点

　　指導は、別に定める指導に関するマニュアルに基づき行うものとし、特に次の事項に留意するものとする。

　　1　高圧的な言動は控え、改善が必要な事項に対する指導や、より良いケア等を促す助言等については、介護保険施設等との共通認識が得られるよう留意する。

　　2　適正な事業運営等に関し効果的な取り組みを行っている介護保険施設等に

ついては、積極的に評価し、他の介護保険施設等へも紹介する等、介護サービスの質の向上に向けた指導を行う。

3　運営指導は、基準等に基づき行うものとし、担当職員の主観に基づく指導や、当該介護保険施設等に対する前回の指導内容と根拠なく大きく異なる指導は行わない。

4　運営指導における個々の指導にあたっては、具体的な状況や理由を聴取し、根拠規定やその趣旨・目的等について懇切丁寧な説明を行う。

5　運営指導の際、介護保険施設等の出席者については、必ずしも事前に通知した者に限定することなく、実情に詳しい従業者や介護保険施設等を経営する法人の労務・会計等の担当者が同席することは差し支えない。

目次

序　標準化・効率化が進む運営指導 ……… 2

1 これまでの経緯 ……… 2
2 効率化による運営指導の実施率改善へ ……… 3
3 国が示した「いわゆるローカルルール」への対応で標準化促進 ……… 3
4 その場しのぎの直前対策ではとても対応できない ……… 4
「介護保険施設等の指導監督について（通知）」の一部改正について ……… 6
別添1　介護保険施設等指導指針 ……… 6

第1章　市町村等が行う指導と監査

介護保険法23条・24条が根拠法令
01 指導には集団指導と運営指導の2つがある ……… 20
集団指導と運営指導／集団指導講習会の目的は何か／重要性が高まった集団指導と運営指導の関係性

不正防止と運営基準通りの介護サービスの提供
02 市町村等は何のために運営指導を行うのか ……… 26
運営指導の必要性とは

結果通知で「改善指示書」があれば期日までに改善し報告する
03 通知から運営指導当日までの流れとその後の対応 ……… 28
指導と監査の違い／介護保険施設等指導指針／運営指導の通知から当日までの流れとその後／運営指導当日の講評と改善指示

悪質な指定基準違反や虐待など重大事案の特定と処分
04 市町村等は何のために監査を行うのか ……… 33
介護保険施設等監査指針／悪質な指定基準違反や不正請求を特定するための監査

第2章　運営指導と介護サービス情報の公表制度との関係

ますます重要度が増す介護サービス情報の公表制度
01 事業所の介護サービス情報の公表内容がチェックされている ……… 44
公表情報に虚偽の内容はないか

介護サービス情報の公表と第三者評価制度等との違いを知る
02 介護サービス情報の公表制度と他の制度はどう違うのか ……… 48
各制度とその違い／介護サービス情報の公表と運営指導

013

指定が取り消されると5年は再指定申請ができない
03 公表内容に虚偽があれば指定取消などの処分もある……… 50
介護サービス情報の公表制度の法的根拠

いつ指導が入っても困らないよう日頃の整備が大切
04 まずレーダーチャートでバランスを見る……………………… 52
自事業所の公表内容を頭に入れておくこと／レーダーチャートを見る

公表内容に予期せぬ過誤がないかを確認しておく
05 介護サービス情報の公表の重要項目を再チェックする………… 54
レーダーチャートの7つの指標／利用者の権利擁護／サービスの質の確保への取組／相談・苦情等
への対応／事業運営・管理／安全・衛生管理等／従業者の研修等

原則全介護サービス事業所に都道府県への毎年度の報告を義務化
06 2024年度から経営情報の報告が義務化された………………… 61
介護サービス事業者の経営情報の調査及び分析等の概要／データベースの概要

調査票も一部が改正された
07 介護サービス情報の公表制度の一部改正……………………… 63
「調査票（運営情報）」に加わった主な新項目

第3章 間に合わせの直前対策は意味がない

実施事業所の半数以上が改善報告を求められている
01 運営指導の実施件数からわかる意外な事実…………………… 66
実施率が低い中で実施事業所の半数以上に改善指示／間に合わせの運営指導対策は効果が薄い

自治体の運営指導担当者は対象事業所の情報を把握している
02 市町村等は事前に介護事業所の詳細情報を収集している……… 68
国保連データから情報を収集

サービスの質の向上という最終目的に沿っているかがポイント
03 確認するポイントは内容的により深まる……………………… 70
記録の目的は何なのかを考えてみる

最新の運営指導マニュアルを確認する
04 2024年7月に運営指導マニュアルが改訂された……………… 72
実地指導から運営指導への転換／介護保険2024年度改正を踏まえ運営指導マニュアルが一部改訂

運営基準通りの実務対応ができていれば心配はいらない
05 従来の運営指導直前対策が通用しない理由…………………… 73
通知が来てから慌てて現状把握と準備へ／運営基準通りの運営ができていれば直前対策はいらない

第4章 訪問介護の確認項目と確認文書

各サービスの確認項目と確認文書をざっと理解する
01 訪問介護の確認項目と確認文書をチェックする……………… 76
各サービスの確認項目と確認文書

指定居宅サービス等の事業の人員、設備及び運営に関する基準第8条・13条・14条・16条

02 個別サービスの質に関する事項① ……………………………………… 79
1.内容及び手続の説明及び同意（第8条）／ 2.心身の状況等の把握（第13条）／ 3.居宅介護支援事業者等との連携（第14条）／ 4.居宅サービス計画に沿ったサービスの提供（第16条）

指定居宅サービス等の事業の人員、設備及び運営に関する基準第19条・23条・24条

03 個別サービスの質に関する事項② ……………………………………… 85
1.サービスの提供の記録（第19条）／ 2.指定訪問介護の具体的取扱方針（第23条）／ 3.訪問介護計画の作成（第24条）

指定居宅サービス等の事業の人員、設備及び運営に関する基準第5条・6条・11条・20条・27条

04 個別サービスの質を確保するための体制に関する事項① …… 92
1.訪問介護員等の員数（第5条）／ 2.管理者（第6条）／ 3.受給資格等の確認（第11条）／ 4.利用料等の受領（第20条）／ 5.緊急時等の対応（第27条）

指定居宅サービス等の事業の人員、設備及び運営に関する基準第29条・30条・30条の2・31条

05 個別サービスの質を確保するための体制に関する事項② ……105
1.運営規程（第29条）／ 2.勤務体制の確保等（第30条）／ 3.業務継続計画の策定等（第30条の2）／ 4.衛生管理等（第31条）

指定居宅サービス等の事業の人員、設備及び運営に関する基準第33条・34条・36条・37条・37条の2

06 個別サービスの質を確保するための体制に関する事項③ ……114
1.秘密保持等（第33条）／ 2.広告（第34条）／ 3.苦情処理（第36条）／ 4.事故発生時の対応（第37条）／ 5.虐待の防止（第37条の2）／ 参考資料

第5章 居宅介護支援の確認項目と確認文書

ケアプランを作成する介護支援専門員の常駐施設

01 居宅介護支援の確認項目と確認文書をチェックする ……………126
居宅介護支援事業所特有の項目もある／次期報酬改定&制度改正に持ち越された検討課題

指定居宅介護支援等の事業の人員及び運営に関する基準第4条・13条

02 個別サービスの質に関する事項 ………………………………………131
1.内容及び手続の説明及び同意（第4条）／ 2.指定居宅介護支援の具体的取扱方針（第13条）

指定居宅介護支援等の事業の人員及び運営に関する基準第2条・3条・7条・18条・19条・19条の2・21条の2

03 個別サービスの質を確保するための体制に関する事項① …143
1.従業者の員数（第2条）／ 2.管理者（第3条）／ 3.受給資格等の確認（第7条）／ 4.運営規程（第18条）／ 5.勤務体制の確保（第19条）／ 6.業務継続計画の策定等（第19条の2）／ 7.感染症の予防及びまん延防止のための措置（第21条の2）

指定居宅介護支援等の事業の人員及び運営に関する基準第23条・24条・26条・27条・27条の2

04 個別サービスの質を確保するための体制に関する事項② …154
1.秘密保持等（第23条）／ 2.広告（第24条）／ 3.苦情処理（第26条）／ 4.事故発生時の対応（第27条）／ 5.虐待の防止（第27条の2）

015

第6章 介護老人福祉施設の確認項目と確認文書

介護老人福祉施設の運営指導実施率は19.5%（令和4年度）と最も高い

01 介護老人福祉施設の確認項目と確認文書をチェックする……162
介護事業所・施設の中で最も確認項目が多い

指定介護老人福祉施設の人員、設備及び運営に関する基準第3条・40条・4条・7条・8条・11条・42条

02 個別サービスの質に関する事項① ……………………167
1.設備（第3条、第40条）／ 2.内容及び手続の説明及び同意（第4条）／ 3.入退所（第7条）／ 4.サービスの提供の記録（第8条）／ 5.指定介護福祉施設サービスの取扱方針（第11条、第42条）

指定介護老人福祉施設の人員、設備及び運営に関する基準第12条・13条・43条・17条の2・17条の3

03 個別サービスの質に関する事項② …………………………179
1.施設サービス計画の作成（第12条）／ 2.介護（第13条、第43条）／ 3.栄養管理（第17条の2）／ 4.口腔衛生の管理（第17条の3）

指定介護老人福祉施設の人員、設備及び運営に関する基準第2条・5条・9条・41条・19条・20条の2・21条・23条・46条

04 個別サービスの質を確保するための体制に関する事項①……186
1.従業者の員数（第2条）／ 2.受給資格等の確認（第5条）／ 3.利用料等の受領（第9条、第41条）／ 4.入所者の入院期間中の取扱い（第19条）／ 5.緊急時等の対応（第20条の2）／ 6.管理者による管理（第21条）／ 7.運営規程（第23条、第46条）

指定介護老人福祉施設の人員、設備及び運営に関する基準第24条・47条・24条の2・25条・48条・26条・27条・30条・31条・33条

05 個別サービスの質を確保するための体制に関する事項②……199
1.勤務体制の確保等（第24条、第47条）／ 2.業務継続計画の策定等（第24条の2）／ 3.定員の遵守（第25条、第48条）／ 4.非常災害対策（第26条）／ 5.衛生管理等（第27条）／ 6.秘密保持等（第30条）／ 7.広告（第31条）／ 8.苦情処理（第33条）

指定介護老人福祉施設の人員、設備及び運営に関する基準第35条・35条の2・35条の3

06 個別サービスの質を確保するための体制に関する事項③……210
1.事故発生の防止及び発生時の対応（第35条）／ 2.虐待の防止（第35条の2）／ 3.介護現場の生産性の向上（第35条の3）

第7章 運営指導に対する保険者等と事業者の動き

行政側の職員不足でますます困難になる運営指導

01 運営指導を実施する保険者等の変化と現状…………………218
保険者等が抱える問題／事務受託法人とはどういうものか／今後増える「事務受託法人」を活用する保険者／運営指導の質の向上

市町村事務受託法人と都道府県事務受託法人

02 事務受託法人が実施する運営指導の例 ……………………221
事務局長K氏と介護福祉部長T氏へのヒアリング

制度改正・運営基準改正の最新情報を正しく把握することが重要

03 運営指導を受ける側の居宅介護支援事業所に話を聴く………226
居宅介護支援事務所の概要／ライブラリケアプランセンターへのヒアリング

第8章 運営指導における指摘事項ゼロを目指す

介護事業者の事例で見る内部監査の効用
01 定期的な内部監査を実施する……………………………………………234
内部監査を実施している介護事業者の代表に聴く／株式会社やさしい手仙台に見る内部監査の事例

第三者評価制度の利用はまだまだ少ない
02 第三者評価などの外部監査を活用する……………………………241
第三者の視点でチェックする外部監査／顧客サービスとしての品質管理の向上

利用者や家族のアンケート調査と事業所内自己評価
03 自己評価とアンケート評価を組み合わせる………………………242
ホテル業界に見る顧客満足度調査の実践／顧客満足度への対応が遅れている介護業界／アンケート調査と事業所内自己評価

管理者には従業者に運営基準を遵守させる責務がある
04 事業所全体で運営基準の理解を深める……………………………245
運営基準は管理者だけが理解すればよいわけではない／運営指導担当者より理解を深めておくことが強みになる

第9章 報酬請求指導で確認される加算報酬の請求

報酬請求を確認し不正請求を防止する
01 報酬請求指導の概要…………………………………………………250
目的は不正請求の防止と制度管理の適正化／不正請求とは／不正請求の疑いは監査に切り替える

意図的な不正請求は指定取消の恐れもある
02 不正請求にならないよう予防する…………………………………252
集団指導講習会で公表された不正請求事例を確認／「各種加算等自己点検シート」等による定期的な点検／介護ソフトによる自動チェック機能の活用

第1章

市町村等が行う指導と監査

01 指導には集団指導と運営指導の2つがある

介護保険法23条・24条が根拠法令

　新たな運営指導がどういうものかを理解する前に、指導と監査について正しく理解しておきましょう。

集団指導と運営指導

　事業者に対する指導には、「集団指導」と「運営指導」があります。

●集団指導

　集団指導は、毎年1回年度初めなどに開催される**都道府県や保険者（市区町村）などが主催する集団指導講習会**のことです。事業所を対象に開催される集団指導講習会は、原則として事業所の責任者である**管理者の出席を義務付け**ています。管理者が出席できない場合には、代理の人が出席するよう求められます。万一、事業所から誰も集団指導講習会に出席しなかった場合には、翌年の運営指導の優先対象となることもあります。

　最近では、出席する事業所の負担や行政側の効率的な集団指導講習会開催のために、**オンラインによる実施に切り替えている都道府県や保険者もあります。**今後、ICT化の促進とともにオンライン開催が普及していくと考えられます。

●運営指導

　運営指導は原則として、新規に指定事業者となり事業を開始してから約1年後には実施されます。

　指定申請時には、指定の要件である「**人員の基準**」と「**設備の基準**」に適合していることを審査、確認した後に**指定**が通知されます。事業を開始してから概ね1年後には、「**運営の基準**」も含めた最初の運営指導が行われます。同時に**報酬請求指導**も加わります。その後、運営指導は指定期間（6

年)の間に1回実施することになっていますが、自治体によっては実施できていない保険者もあるのが現状です。

介護保険制度における介護保険施設・事業者に対する指導監督

介護保険制度の健全かつ適正な運営の確保・法令等に基づく適正な事業実施

介護給付等対象サービスの質の確保 ＋ 保険給付の適正化

介護保険施設等指導指針
- **指導** 介護保険施設・事業者
  - 集団指導
  - 運営指導
- **支援**
  - 周知の徹底
    - 介護給付等対象サービスの取扱い
    - 介護報酬の請求
  - 〈行政指導〉
- 法第23条・第24条

不正等の疑いが発覚すれば監査へ移行

介護保険施設等監査指針
- **監査** 介護保険施設・事業者
- **的確な把握**
  - 著しい運営基準違反・不正請求・虐待等に関する事実関係
  - ※事実上の行為及び事実上の行為をするに当たりその範囲、時期等を明らかにするための法令上の手続
- 法第76条他

- **公正・適切な措置** 介護保険施設・事業者
  - 勧告 〈行政指導〉
  - 命令（勧告に従わない場合）
  - 指定取消等 〈行政処分(不利益処分)〉
- 法第76条の2、法第77条他

出典：介護保険施設等運営指導マニュアル（令和6年7月）

集団指導講習会の目的は何か

集団指導講習会では、毎年ほぼ同じ内容で行われています。

---

①指定事務の制度説明

　指定及び指定の更新に係る欠落事由、指定の更新制の説明

②改正介護保険法の趣旨、目的の周知及び理解の促進

　監査指導の権限行使の考え方、事業規制、情報の公表制度の仕組み

　等の説明

③介護報酬請求に係る過誤、不正防止

　都道府県国保連と連携した介護報酬請求事務の講習

（「都道府県・市町村が実施する指導・監査について」より）

　都道府県や保険者が集団指導講習会を開催する目的は、指定事業者に対し「制度の理解」と「不正の防止」を徹底してもらうためです。介護保険法は定期的に改正されるため、事業者にその理解を求めています。

　また、意図的であるか否かにかかわらず、法令違反や介護報酬の不正請求を防止するために講習を行います。

●なぜ管理者の出席を求めているのか?

　集団指導講習会の対象は、管内の指定を受けたすべての事業所ですから、事業所を一元的に管理している管理者が出席しなければならないということです。

　管理者は、集団指導講習会で指導され伝えられた内容を持ち帰り、事業所の従業者に指導内容を理解させ、遵守させる責務があります。

重要性が高まった集団指導と運営指導の関係性

　2022（令和4）年3月に策定され、通知された**「介護保険施設等運営指導マニュアル」**（**令和6年7月改訂**）には、「1　指導監督の全体像」（P.1）とあり、以下の通り、指導監督の法的根拠を明記しています。

介護保険制度における指導監督は、介護保険制度の健全かつ適正な運営及び法令に基づく適正な事業実施の確保のため、法第23条又は法第24条に規定する権限を行使し介護保険施設等指導指針に基づき行う介護保険施設等に対する「指導」、不正等の疑いが認められる場合に行う法第76条等の権限を行使し介護保険施設等監査指針に基づき行う介護保険施設等に対する「監査」により行われます。

介護保険法第23条、第24条、第76条

（文書の提出等）
第二十三条　市町村は、保険給付に関して必要があると認めるときは、当該保険給付を受ける者若しくは当該保険給付に係る居宅サービス等（居宅サービス（これに相当するサービスを含む。）、地域密着型サービス（これに相当するサービスを含む。）、居宅介護支援（これに相当するサービスを含む。）、施設サービス、介護予防サービス（これに相当するサービスを含む。）、地域密着型介護予防サービス（これに相当するサービスを含む。）若しくは介護予防支援（これに相当するサービスを含む。）をいう。以下同じ。）を担当する者若しくは保険給付に係る第四十五条第一項に規定する住宅改修を行う者又はこれらの者であった者（第二十四条の二第一項第一号において「照会等対象者」という。）に対し、文書その他の物件の提出若しくは提示を求め、若しくは依頼し、又は当該職員に質問若しくは照会をさせることができる。

（帳簿書類の提示等）
第二十四条　厚生労働大臣又は都道府県知事は、介護給付等（居宅介護住宅改修費の支給及び介護予防住宅改修費の支給を除く。次項及び第二百八条において同じ。）に関して必要があると認めるときは、居宅サービス等を行った者又はこれを使用する者に対し、その行った居宅サービス等に関し、報告若しくは当該居宅サービス等の提供の記録、帳簿書類その他の物件の提示を命じ、又は当該職員に質問させることができる。
2　厚生労働大臣又は都道府県知事は、必要があると認めるときは、介護給付等を受けた被保険者又は被保険者であった者に対し、当該介護給付等に係る居宅サービス等（以下「介護給付等対象サービス」という。）の内容に関し、報告を命じ、又は当該職員に質問させることができる。
3　前二項の規定による質問を行う場合においては、当該職員は、その身分を示す証明書を携帯し、かつ、関係人の請求があるときは、これを提示しなければならない。
4　第一項及び第二項の規定による権限は、犯罪捜査のために認められたものと解釈してはならない。

（報告等）

第七十六条　都道府県知事又は市町村長は、居宅介護サービス費の支給に関して必要が
　　あると認めるときは、指定居宅サービス事業者若しくは指定居宅サービス事業者であ
　　った者若しくは当該指定に係る事業所の従業者であった者（以下この項において「指
　　定居宅サービス事業者であった者等」という。）に対し、報告若しくは帳簿書類の提出
　　若しくは提示を命じ、指定居宅サービス事業者若しくは当該指定に係る事業所の従業
　　者若しくは指定居宅サービス事業者であった者等に対し出頭を求め、又は当該職員に
　　関係者に対して質問させ、若しくは当該指定居宅サービス事業者の当該指定に係る事
　　業所、事務所その他指定居宅サービスの事業に関係のある場所に立ち入り、その設備
　　若しくは帳簿書類その他の物件を検査させることができる。
2　第二十四条第三項の規定は、前項の規定による質問又は検査について、同条第四項
　　の規定は、前項の規定による権限について準用する。

　介護保険制度は、保険者が被保険者から集めた介護保険料と税金で運営
されています。そんなことはわかっていると思われるでしょうが、ここが
重要です。保険者は保険料を支払う被保険者に対する保険者としての責任
があります。保険者が要介護者に提供する介護保険サービスは、定められ
た基準が維持されなければなりません。そのため、前述のように介護保険
法第23条（文書の提出等）や第76条（報告等）があり、保険者が事業者に
対して文書の提出を求めたり、立ち入り検査（運営指導、監査等）などを
行うことができ、**事前通知なしの運営指導も可能です。**

　つまり国が胴元の保険事業は、定期的にサービス提供事業者の運営状況
をチェックし、必要に応じて指導する必要があるということです。これが
運営指導の必要性です。なお、運営指導が定期的に行われているのは、厚
生労働省が6年間の指定期間に一度は実施するよう、都道府県や保険者な
どに求めているからです。努力義務として、3年に一度の実施が望ましい
としています。したがって、将来的にはオンライン等の活用により運営指
導の機会が増える方向に進むと考えられます。

●**集団指導と運営指導の関係性**

　これまでの集団指導は介護保険施設や介護事業所の管理者等を1カ所に
集合させて講習会を行っていましたが、オンライン等の積極的な活用も進
めています。オンラインによる開催の場合も原則として、管理者等の出席

を義務付けています。

　都合により不参加の場合には、資料が送付されたり、都道府県・市区町村の介護保険担当課等のホームページなどで資料を閲覧したり、動画の試聴などが必要になります。なお、**資料閲覧や動画視聴の確認が記録される**よう工夫されていますので、集団指導講習会に参加できなかった場合には、その後の対応に注意しましょう。

　集団指導講習会で説明があった内容について、その後の運営指導時に指導担当者から確認されることがありますので、集団指導講習会で配布された資料等を十分に理解しておきましょう。

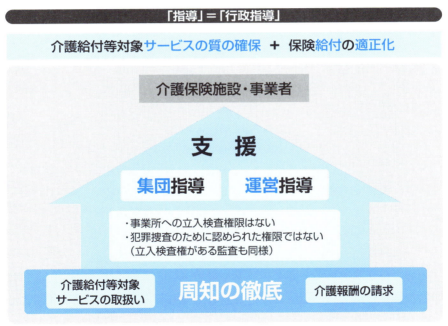

出典：介護保険施設等運営指導マニュアル（令和6年7月）

02 不正防止と運営基準通りの介護サービスの提供

市町村等は何のために運営指導を行うのか

運営指導の必要性とは

　筆者は時々、介護保険サービス事業所の管理者の方々から、「なぜ運営指導があるのですか？」と聞かれることがあります。そういう時には、必ず次のような説明をしています。

> 　事業者の皆様は、介護保険サービスの事業を始める前に、指定事業者の申請（指定申請）をします。この時に、都道府県や政令指定都市、中核市、保険者は、指定申請した事業者が指定基準を満たしているかどうかを確認します。
> 　この指定基準というのは、人員基準と設備基準のことです。その後、指定通知があり、訪問介護や通所介護などの介護保険サービスの事業所を開業します。その1年後には最初の運営指導があります。この時、初めて「指定居宅サービス等の事業の人員、設備及び運営に関する基準」（運営基準という）に基づいて、事業運営の状況を確認するとともに設備や人員についても確認されます。運営基準通りに運営されていなければ指導があり、改善を求められます。

　運営指導がなぜあるのかという問いの答えは、わかりやすく言えば、**事業者が指定申請時に、運営基準を理解し遵守して介護保険事業を運営すると約束して指定を受けているからです。**

　介護保険事業を始める前提条件が、運営基準を遵守して事業を行うことです。しかし、運営基準を理解しないまま運営されている事業所が多いのも事実です。各サービスの運営基準には、管理者の責務として次のように明記されています。次のページは訪問介護の例です。

> （管理者及びサービス提供責任者の責務）
> 第28条　指定訪問介護事業所の管理者は、当該指定訪問介護事業所の従業者及び業務の管理を、一元的に行わなければならない。
> 2　指定訪問介護事業所の管理者は、当該指定訪問介護事業所の従業者にこの章の規定を遵守させるため必要な指揮命令を行うものとする。
> 第3項以降（略）
> 〈指定居宅サービス等の事業の人員、設備及び運営に関する基準〉

　今後は管理者の責務を問われる可能性もありますので、運営基準の理解を深めることがますます重要になります。

　運営指導では運営基準通りに運営が行われているかどうかを検査し、基準の理解が不十分だったり、間違った報酬請求を行っていたりした場合には、期限を定めて改善するよう指導されます。

指定申請時から運営指導まで

指定申請時
- 指定基準（人員基準・設備基準）の確認

運営指導
- 開業1年後に最初の運営指導
- 運営基準（人員基準・設備基準・運営基準）と報酬請求の確認

運営指導（2回目）
- 指定期間（6年）中に2回目の運営指導があり、指定更新を行う

03 結果通知で「改善指示書」があれば期日までに改善し報告する

通知から運営指導当日までの流れとその後の対応

指導と監査の違い

　介護保険制度における指導監督は、6ページに示しました最新の「**介護保険施設等の指導監督について（通知）の一部改正について**」（老発0331第6号 令和4年3月31日〔最終改正〕老発第0326第6号 令和6年3月26日）に基づいて行われます。この通知は、厚生労働省老健局長から各都道府県知事、市町村長、特別区区長宛てに発信されています。

　したがって、指導・監査を担当する都道府県や市町村の職員はこの通知に基づいて運営指導や監査を行っていると、理解しておきましょう。

　この通知では、介護サービスの質の確保・向上を図ることを主眼とする「**指導**」と、指定基準違反や不正請求等が疑われる際に指定基準や報酬請求の内容等について挙証資料等を基に把握し、介護保険法に定める権限を行使する「**監査**」を明確に区分しており、それぞれ「**介護保険施設等指導指針**」と「**介護保険施設等監査指針**」があります。

　この2つの指針には、それぞれ指導の目的や指導方針、監査の目的や監査方針があり、一部違いがみられます。また指導方法と監査方法にも違いがあります。

介護保険施設等指導指針

　6ページから示した介護保険施設等指導指針を見てみましょう。「第1 目的」の末尾では、「……事業者の支援を基本とし介護給付等対象サービスの質の確保及び保険給付の適正化を図ることを目的とする。」と結んでおり、**事業者の運営上の課題などを解決する支援の手段として運営指導があ**

り、これが保険者等の責務であることがわかります。

運営指導の通知から当日までの流れとその後

　運営指導は通常2か月から1か月半前までに、運営指導の実施を知らせる**通知**が届きます。通知には、事前に提出を求める各種書類があり、期日までに提出しなければなりません。

　運営指導当日は、①介護サービスの実施状況指導、②最低基準等運営体制指導、③報酬請求指導があります。

　運営指導の流れを理解しておきましょう。

①介護サービスの実施状況指導

　介護サービスの質の確認、つまり、実際のサービスが法令通知に基づき適正に行われ、利用者の尊厳が守られ自立支援に資するサービスが行われていることを確認します。利用者個人に関わる様々な情報を取り扱うことになるため、現地（事業所・施設等）を訪問する必要があります。

　具体的には、自治体の運営指導担当者が事業所・施設等に行かなければ確認することができない施設・設備等の確認、サービス種別ごとに設定した「個別サービスの質に関する事項」に係る確認項目及び確認文書に基づき、事業所・施設等の実態を把握して指導します。

②最低基準等運営体制指導

　最低基準等運営体制指導は、介護サービスの質を確保するための体制に関する指導です。事業所・施設等がそれぞれのサービスを行う上で、実際にどのような体制を構築しているかという観点から確認し、必要な指導を行うものです。

　具体的には、運営指導担当者が主に人員や運営に関する確認項目及び確認文書に基づき、事業所・施設等の実態を把握して指導します。

③報酬請求指導

　報酬請求指導は、各サービスがそれぞれの報酬基準に基づき適正に介護報酬の請求が行われるよう介護保険施設等を指導、支援するものです。

　具体的には、主として介護保険施設等が届出等で実施する各種加算に関

する算定及び請求状況について確認します。

　また、例えば人員に関係する確認文書は、人員体制が要件に関係する加算または減算について確認する際に活用できますが、加算報酬の多くはそれぞれの要件により必要な文書等の挙証資料が異なるので、確認文書以外のものを求めることになります。

　この指導でも、基本的には事業所・施設等において実地に確認を行うことを想定していますが、現地に行かなくても確認可能と判断できる場合は、実地以外の方法、**オンライン会議システム等**を活用することもあります。

運営指導の通知から当日までの流れとその後

事業所へ運営指導の通知	・およそ3か月から1か月半前に通知される
事前提出書類等の提出	・指定された資料及び「自己点検シート」を提出期限までに送付する
運営指導当日 ①介護サービスの実施状況指導 ②最低基準等運営体制指導 ③報酬請求指導	・2〜3名の指導担当者が来所し、「確認項目及び確認文書」に沿って確認し、説明を受け指導する
運営指導当日の講評 （口頭指導）	・口頭指導のみの場合は、運営指導終了
事業所へ運営指導結果の通知 必要に応じ「改善指示書」	・改善指示書がある場合には、指摘された項目を期日までに改善しなければならない
「改善報告書」の提出・審査	・期日までに報告書をまとめ、提出する
「改善報告書」を基に報酬返還等が生じる場合、手続きの指示	・報酬返還が生じる場合には、利用者負担額の変更もあるので、注意し、速やかに返還する

※事前に通知したのではサービス提供状況が確認できない場合、事前通知なく運営指導を行うこともできる。
※著しい運営基準違反が確認され、利用者及び入所者等の生命又は身体の安全に危害を及ぼすおそれがある等の場合、直ちに監査に切り替えることもできる。

運営指導当日の講評と改善指示

　当日は2～3名の指導担当者が来所して指導します。最後に当日の**講評**（口頭指導）があり、口頭指導のみの場合はそれで運営指導は終了します。

　その後、事業所へ運営指導結果の**通知**があり、改善指示書がある場合は指摘事項を期日までに改善し、**報告書**にまとめて提出しなければなりません。

　改善報告書を基に報酬返還等が生じる場合は、手続きの指示があります。実際に報酬返還が生じる場合には、過去に受領した利用者負担額の変更もあるので注意が必要です。

　下記は横浜市の指導・監査等における指摘事項の例です。

指導・監査等における指摘状況について（令和5年度・横浜市の例）

1　契約書等
　（各サービス共通）

状況	改善指示内容
・契約書・重要事項説明書・個人情報取扱同意書の日付や署名等に漏れがあった。	・事業者・利用者ともに漏れなく記載等を行うこと。
・重要事項説明書等が制度改正を反映していなかった。	・重要事項説明書等を更新し、利用者に説明を行い、文書により同意を得ること。
・重要事項説明書の苦情相談窓口に、事業所の窓口しか記載していなかった。又は窓口の記載誤りがあった。	・事業所の窓口に加え、サービス提供地域の区役所及び本市介護事業指導課、国保連の相談窓口を記載すること。国保連のFAXは廃止しているので削除すること。
・重要事項説明書に第三者評価の実施状況に記載がなかった。	・第三者評価の実施状況を記載すること。受けていない場合は「なし」と記載する。

2　人員基準等
　（各サービス共通）

状況	改善指示内容
・届出が必要な従業員の変更に際し、変更届を提出していなかった。 例：管理者、サービス提供責任者、介護支援専門員等	・所定の期日までに本市介護事業指導課へ届け出ること。
・管理者が同一敷地外の事業所と兼務していた。	・兼務可能な範囲を確認し、速やかに配置基準を満たすこと。

・所定労働時間数を超過した勤務時間数を含めることで人員基準を満たしており、超過分を除くと基準を満たしていなかった。	・超過分を除いて人員基準を満たすよう従業員を配置すること。 ※勤務延時間数に算入する時間数は、常勤者が勤務すべき勤務時間数を上限とします。
・勤務時間の記録が残されておらず、従事時間や休暇、遅参早退等の状況が確認できなかった。	・タイムカードや出勤簿を用いるなど、全従業員の勤務時間の記録を整備すること。 ※法人代表等であっても、介護職員として勤務する場合は上記の整備が必要です。
・事業所に併設している別の施設（有料老人ホーム等）との勤務体制が区分されていなかった。	・同一法人が運営している場合でも、サービス種別ごとに勤務体制を明確に区分したうえで、基準を満たす従業員を配置すること。

3　運営基準・設備基準等
（各サービス共通）

状況	改善指示内容
・介護サービス計画の作成にあたり、利用者または家族の同意を得ていなかった。	・計画の内容について利用者または家族に説明し、速やかに文書により同意を得ること。
・事故の記録は残していたが、本市に事故報告書を提出していなかった。 ・ヒヤリハットの記録が全くなかった。 ・同じような事故やヒヤリハットが多発していたが、再発防止策が講じられていなかった。	・ヒヤリハットや事故については、従業員間で情報共有を行うとともに原因分析を行い、再発防止策を講じること。 ・ヒヤリハット事例は、事業所で記録するとともに事故報告の要件に該当する場合は、本市介護事業指導課に報告すること。
・サービス提供の記録の開始・終了時間が、介護サービス計画に位置付けられた標準的な時間が記載されていた。	・開始・終了時間は、計画上の提供時間を記載するのではなく、実際の時間を記載すること。
【サービス事業所】 居宅介護支援事業者から最新のケアプランの交付を受けていなかった。	・ケアプランが新規作成・更新された場合、速やかに交付を受け、ケアプランの内容に沿って介護サービス計画を更新すること。

4　介護報酬等
（各サービス共通）

状況	改善指示内容
【同一建物減算】※一部サービス除く ・事業所と同一建物に居住する利用者について同一建物減算を適用していなかった。	・減算の算定要件を確認し、適切に算定すること。既請求分は全利用者について遡って減算の適否を確認し報酬差額を返還すること。 ※建物の種別は問いません。
【処遇改善（特定）加算】※一部サービス除く ・処遇改善計画内容を申請時に職員に周知していなかった。 ・事務員や看護師等の介護職員以外の賃金改善に充当されていた。（処遇改善加算）	・申請時に計画の内容を職員に周知すること。 ・処遇改善加算は算定要件を確認し、加算受給額を上回る内容で介護職員の賃金改善を行うこと。

出典：令和5年度横浜市居宅サービス事業者等集団指導講習会資料より抜粋

04 悪質な指定基準違反や虐待など重大事案の特定と処分

市町村等は何のために監査を行うのか

　監査は、前述の「**介護保険施設等の指導監督について（通知）**」にある「介護保険施設等監査指針」に基づいて行われます。

介護保険施設等監査指針

　前述したように、**介護保険施設等指導指針**の「第1　目的」の末尾では、「……居宅サービス担当者等及び居宅サービス実施者等（以下「介護保険施設等」という。）の支援を基本とし介護保険施設等が行う介護給付等に係る居宅サービス等（以下「介護給付等対象サービス」という。）に関するサービスの質の確保及び保険給付の適正化を図ることを目的とする。」という文言がありました（7ページ参照）。

　一方、**介護保険施設等監査指針**の「第1　目的」の末尾では、「……介護給付又は予防給付（以下「介護給付等」という。）に係るサービス（以下「介護給付等対象サービス」という。）の内容並びに介護給付等に係る費用（以下「介護報酬」という。）の請求に関して行う**監査**に関する基本的事項を定めることにより、介護給付等対象サービスの質の確保及び保険給付の適正化を図ることを目的とする。」と結んでいます（38ページ参照）。

●重大事案の無予告指導と監査への変更

　2024年3月26日に改正された前述の「通知」（介護保険施設等指導指針）では、次のように指導上の対応を明記しています。

第5　指導方法等
（中略）
　ただし、指導対象となる介護保険施設等において高齢者虐待が疑われる等の理由により、あらかじめ通知したのでは当該介護保険施設等の日常におけるサービスの提供状況

を確認することができないと認められる場合は、**指導開始時に次に掲げる事項を文書により通知**する。
　① 　運営指導の根拠規定及び目的
　② 　運営指導の日時及び場所
　③ 　指導担当者
　④ 　介護保険施設等の出席者（役職名等で可）
　⑤ 　準備すべき書類等
　⑥ 　当日の進め方、流れ等（実施する運営指導の形態、スケジュール等）

　指導指針と監査指針の「目的」が一見ほとんど同じように見えますが、指導指針の下線部分「事業者の支援を基本とし…」という文言が監査指針の方にはありません。

　わかりやすく言えば、指導の目的は事業者の支援を基本としているのに対し、監査の目的は「介護サービスの質の確保及び保険給付の適正化」に絞られているということです。

悪質な指定基準違反や不正請求を特定するための監査

　監査方針を見ると、指定基準等の違反や介護報酬の不正・不当な請求が疑われる場合等において、事実関係を的確に把握し、公正かつ適切な措置を採るとしています。この措置とは法的な対応を前提としています。

　毎年度、運営基準違反や介護報酬の不正請求、利用者への虐待行為等により事業所や施設の指定の取消や効力停止等の処分が行われています。

●重大事案の無予告指導と監査への変更

　高齢者虐待が疑われる等の理由とは、事前に利用者の家族や事業所の介護職員などから何らかの重大事案の情報や相談が保険者や地域包括支援センター等にあったと考えられます。

　無予告指導とは、運営指導を実施する当日の朝に事業所に電話で運営指導を行う旨を伝え、数時間後には指導が開始されるというものです。

　さらに、指導指針の「第6 監査への変更」においても、運営指導実施中に著しい運営基準違反が確認されたり、介護報酬請求につき不正を行っていると認められる場合や、利用者等の生命または身体の安全に危害を及ぼ

指定取消・効力の停止処分のあった介護保険施設・事業所等数内訳（平26〜令和4年度）

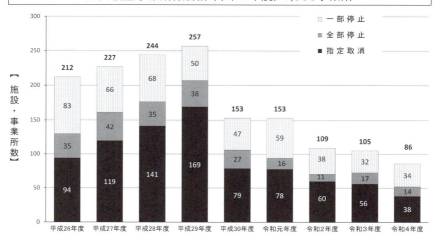

注：1）件数には、聴聞通知後に廃止届が提出された事業所数を含む。
2）平成27年度以降には、介護予防・日常生活支援総合事業における指定の事業所を含む。

出典：全国介護保険・高齢者保健福祉担当課長会議（2024年3月）資料

指定取消事由の年次推移〔処分事由別〕（平26〜令和4年度）

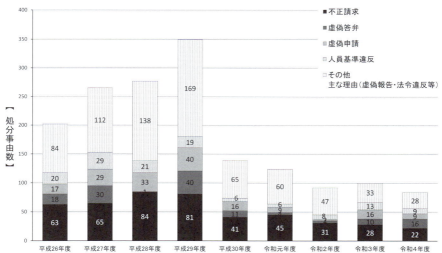

注：1）処分事由は令和4年度の上位4区分を抽出し、それ以外はその他としている。
2）件数には、聴聞通知後に廃止届が提出された事業所数を含む。
3）平成27年度以降の件数には、介護予防・日常生活支援総合事業における指定の事業所を含む。
4）複数の処分事由が該当する事業所については、処分事由ごとに計上しているため、図3〜5の数字と一致しない。

出典：全国介護保険・高齢者保健福祉担当課長会議（2024年3月）資料

していると認められる場合などは、**運営指導を中止し、直ちに「介護保険施設等監査指針」に定めるところにより監査を行い、事実関係の調査及び確認を行うものとする**、とされています（11ページ参照）。

2024（令和6）年7月に厚労省の「**介護保険施設等運営指導マニュアル**」が一部改訂されましたが、この中で、両者の違いをわかりやすく明記しています。特に監査については以下の通りとなります。

第4章　監査への変更　第1節　監査
1　監査とは
　監査は、介護保険施設等監査指針に基づき介護保険施設等において人員基準違反や運営基準違反、不正請求、高齢者虐待等が認められた場合やそのおそれがある場合に法第76条等に基づき、報告、帳簿書類等の物件の提示を求め、関係者の出頭、質問を行うことにより情報を収集するとともに現地に立ち入って検査を行い、事実関係を確認する行為です。（中略）
2　指導と監査
　（中略）法第23条又は法第24条には立入検査の権限はないため、自主的な改善を促す勧告（行政指導）や、指定取消等の行政処分（不利益処分）を行う場合は、不正等の事実にかかる証拠の保全の観点から、法第76条等に規定する立入検査の権限を行使し、当該事実関係の確認を行い、その事実の内容を確定させることが必要です。つまり、行政機関が主体となる検査を介護保険施設等に立ち入ることにより行い、そこで初めて事実が確定できるということです。

なお、監査への変更の契機は、38ページからの**介護保険施設等監査指針**をご覧ください。

例えば、地域包括支援センターなどに利用者からの苦情が複数回あった場合や退職した介護職員が勤務先だった事業者の不正請求の実態を保険者等に通報した場合には、その事業者に対して、「明日、運営指導のため、午前10時に伺いますので、よろしくお願いいたします。」という旨の連絡が運営指導担当部署からあります。

運営指導と言っていますが、実質的には監査です。運営指導で訪問し、該当する文書等を発見した時点で監査に切り替え、より詳細な調査を続けます。通報の内容が通報者の思い込みや勘違いであれば、この運営指導はすぐに終了します。しかし、全く別の不正や違反が発覚する例もありました

ので、注意が必要です。

最近の全国の処分事例

事業所所在地（年度）	対象サービス	処分内容	処分理由
青森県（R4.11）	訪問介護	指定取消し	勤務していない職員の名前を使用して虚偽のサービス提供記録を作成し、居宅介護サービス費を不正に請求し、受領した。処遇改善を行っているとする事実と異なる賃金台帳等を作成し、処遇改善加算を算定し、居宅サービス費を不正に請求し、受領した。同一建物減算を算定せずに、請求、受領した。（不正請求）
青森県（R5.1）	訪問介護	指定取消し	訪問介護員の出退勤記録と整合性がつかない虚偽のサービス提供記録を作成し、サービス提供の実態がないにもかかわらず、介護報酬を不正に請求し、受領した。 　訪問介護の買い物代行について、複数人の利用者の買い物代行をまとめて1回で行ったにもかかわらず、利用者ごとに買い物の代行を行ったとする虚偽のサービス提供記録を作成し、それぞれ個別に介護報酬を不正に請求し、受領した。
福岡市（R5.8）	認知症対応型共同生活介護、介護予防認知症対応型共同生活介護	指定の一部効力停止3か月（新規利用者の受入停止）	令和4年6月の事業者指定申請において、人員基準を満たすよう偽装するため、介護従業者として当該事業所に勤務予定がなかった計11名の者を配置する旨の書類を作成して市に提出し、不正の手段により令和4年7月1日付けの事業者指定を受けたもの。なお、指定から約半月後に必要な人員を配置し、基準違反の状態は解消していた。
福岡市（R5.8）	訪問介護、介護予防型訪問サービス	指定取消し	令和2年5月から令和4年11月までの間、当該事業所による訪問介護を提供していないにもかかわらず、提供した旨の虚偽の記録を作成して、給付費を請求し、受領したもの。虚偽の内容は、同法人運営の住宅型有料老人ホームの一部入居者（計15名）に対し、老人ホーム従業者による訪問介護計画に基づかない簡易な援助が行われたことをもって、当該事業所による訪問介護と装っていたもの。 　また、平成30年6月から令和4年12月のうち計49か月間、当時の管理者が、同法人運営の他事業所において複数の職種を兼務し、常勤の人員基準に違反していた。
群馬県（R5）	認知症対応型共同生活介護	一部効力停止	元管理者による入居者18名の預かり金合計211,708円の横領及び防水シーツの購入代金として入居者の家族から預かった20,000円の横領という経済的虐待が確認された。また、事業者は入居者及びその家族に対し、当該事実についての説明を怠った。 　事業者は、養介護施設従事者等による高齢者虐待を発見したにもかかわらず、高齢者虐待の防止、高齢者の養護者に対する支援等に関する法律に定められた市への通報義務を怠った。

出典：「介護サービスの提供における不適正事例について」青森県健康福祉部資料、福岡市HP、「運営指導と監査について」群馬県健康福祉部資料より抜粋

下記に介護保険施設等監査指針を示しますので、該当部分を確認しておきましょう。

介護保険施設等監査指針

第1　目的
　　この監査指針は、……（中略）……に対して行う介護給付又は予防給付（以下「介護給付等」という。）に係るサービス（以下「介護給付等対象サービス」という。）の内容並びに介護給付等に係る費用（以下「介護報酬」という。）の請求に関して行う監査に関する基本的事項を定めることにより、介護給付等対象サービスの質の確保及び保険給付の適正化を図ることを目的とする。

第2　監査方針
　　監査は、介護保険施設等の介護給付等対象サービスの内容並びに介護報酬の請求について、都道府県知事及び市町村長が条例で定める介護保険施設等の事業の人員、施設及び設備並びに運営に関する基準に従っていないと認められる場合若しくはその疑いがあると認められる場合、又は介護報酬の請求について不正を行っていると認められる場合若しくはその疑いがあると認められる場合、又は不正の手段により指定等を受けていると認められる場合若しくはその疑いがあると認められる場合（以下「指定基準違反等」という。）、又は介護給付等対象サービスの利用者又は入所者若しくは入居者（以下「利用者等」という。）について高齢者虐待の防止、高齢者の養護者に対する支援等に関する法律（平成17年法律第124号）（以下「高齢者虐待防止法」という。）に基づき市町村が虐待の認定を行った場合若しくは高齢者虐待等により利用者等の生命又は身体の安全に危害を及ぼしている疑いがあると認められる場合（以下「人格尊重義務違反」という。）において、都道府県又は市町村が、当該介護保険施設等に対し報告若しくは帳簿書類の提出若しくは提示を命じ、出頭を求め、又は当該職員に関係者に対して質問させ、若しくは当該介護保険施設等に立ち入り、その設備若しくは帳簿書類その他の物件の検査（以下「立入検査等」という。）を行い、事実関係を的確に把握し、公正かつ適切な措置を採ることを主眼とする。

第3　監査対象となる介護保険施設等の選定基準
　　監査は、下記に示す情報を踏まえて、指定基準違反等又は人格尊重義務違反の確認について必要があると認める場合に立入検査等により行う。
　1　要確認情報
　（1）通報・苦情・相談等に基づく情報

（2）市町村が、高齢者虐待防止法に基づき虐待を認定した場合又は高齢者虐待等により利用者等の生命又は身体の安全に危害を及ぼしている疑いがあると認められる情報

（3）国民健康保険団体連合会（以下「連合会」という。）、地域包括支援センターへ寄せられる苦情

（4）連合会・保険者からの通報情報

（5）介護給付費適正化システムの分析から特異傾向を示す介護保険施設等

（6）法第115条の35第4項の規定に該当する報告の拒否等に関する情報

2　運営指導における情報

法第23条により指導を行った市町村長又は法第24条により指導を行った厚生労働大臣又は都道府県知事が、介護保険施設等において認めた（その疑いがある場合を含む。）指定基準違反等及び人格尊重義務違反

第4　監査方法等

1　指定又は許可の権限がある介護保険施設等に対する監査

（1）実施通知

都道府県知事又は市町村長は、監査の対象となる介護保険施設等を決定したときは、次に掲げる事項を文書により、監査開始時に通知する。なお、法第23条及び法第24条により運営指導を実施中に監査に移行した場合は、口頭により当該事項を含め監査を実施する旨通告する。

① 監査の根拠規定

② 監査の日時及び場所

③ 監査担当者

④ 監査対象介護保険施設等の出席者（役職名等で可）

⑤ 必要な書類等

⑥ 虚偽の報告又は答弁、検査忌避等に関する罰則規定

（2）情報提供等

都道府県知事又は市町村長は、監査の実施に当たっては、事前に、関係する保険者及び監査の対象が指定地域密着型サービス事業者等又は指定地域密着型介護予防サービス事業者等の場合は当該事業者を指定している全ての市町村長に情報提供を行い、必要に応じ同時に監査を実施する等の連携を図るものとする。

2　指定権限等が都道府県にある介護保険施設等に対する市町村による監査

（1）実施通知

上記1の（1）に準ずる。

（2）情報提供等

市町村長は、指定又は許可の権限が都道府県にある介護保険施設等（以下
　　「都道府県指定サービス事業者」という。）について、監査を行う場合、都道
　　府県知事に対し事前に実施する旨の情報提供を行い、連携を図るものとする。
　　なお、都道府県指定サービス事業者の介護給付等対象サービスに関して、複
　　数の市町村に関係がある場合には、都道府県が総合的な調整を行うものとす
　　る。
（3）都道府県への通知
　　　市町村長は、監査により指定基準違反等又は人格尊重義務違反と認めると
　　きは、文書によって都道府県知事に通知する。なお、都道府県と市町村が同
　　時に監査を行っている場合には、省略することができる。
　　　都道府県知事は、当該通知があったときは、すみやかに、当該都道府県指
　　定サービス事業者に対して監査を実施し、3に定める措置をとるものとする。

3　行政上の措置
　　　指定基準違反等又は人格尊重義務違反が認められた場合には、都道府県知事
　　又は市町村長は法第5章に掲げる「勧告、命令等」、「指定の取消し等」、「設備
　　の使用制限等」、「変更命令」、「業務運営の勧告、命令等」、「許可の取消し等」
　　の規定に基づき行政上の措置をとるものとする。
（1）勧告
　　　介護保険施設等（介護老人保健施設開設者等、介護医療院開設者等を除
　　く。以下（2）及び（3）について同じ。）に指定基準違反等（介護報酬の
　　請求に関することを除く。)の事実が確認された場合、当該介護保険施設等
　　に対し、期限を定めて、文書により基準の遵守等の措置をとるべきことを
　　勧告することができるほか、当該期限内にこれに従わなかったときは、そ
　　の旨を公表することができる。
　　　なお、勧告した場合は、当該介護保険施設等に対し期限内に文書により
　　とった措置について報告を求める。
（2）命令
　　　介護保険施設等が正当な理由がなくてその勧告に係る措置をとらなかっ
　　たときは、当該介護保険施設等に対し、期限を定めて、その勧告に係る措
　　置をとるべきことを命令することができるほか、命令をした場合には、そ
　　の旨を公示しなければならない。
　　　なお、命令した場合は、当該介護保険施設等に対し期限内に文書により
　　とった措置について報告を求める。
（3）指定の取消し等
　　　都道府県知事又は市町村長は、指定基準違反等又は人格尊重義務違反の
　　内容等が、法第77条第1項各号、第78条の10各号、第84条第1項各号、第

92条第1項各号、第115条の9第1項各号、第115条の19各号及び第115条の29各号のいずれかに該当する場合においては、当該介護保険施設等に係る指定を取り消し、又は期間を定めてその指定の全部若しくは一部の効力の停止（以下「指定の取消等」という。）をすることができる。

（4）設備の使用制限等

都道府県知事は、法第101条又は法第114条の3の規定により、介護老人保健施設又は介護医療院が療養室等の設備や条例で定める施設を有しなくなったとき、又は設備及び運営に関する基準に適合しなくなったときは、当該施設の開設者に対し、期間を定めて、その全部若しくは一部の使用を制限し、若しくは禁止し、又は期限を定めて、修繕若しくは改築を命ずることができる。

（5）変更命令

都道府県知事は、法第102条又は法第114条の4の規定により、介護老人保健施設又は介護医療院に係る施設の管理者が当該施設の管理者として不適当であると認めるときは、当該施設の開設者に対し、期限を定めて、当該施設の管理者の変更を命ずることができる。

（6）業務運営の勧告、命令等

都道府県知事は、法第103条又は法第114条の5の規定により、介護老人保健施設又は介護医療院において基準違反の事実が確認された場合、当該施設の開設者に対し、期限を定めて、文書により基準を遵守すべきことを勧告することができるほか、これに従わなかったときは、その旨を公表することができる。

また、正当な理由がなくその勧告に係る措置をとらなかったときは、当該施設の開設者に対し、期限を定めて、その勧告に係る措置をとるべきことを命ずることができる。また、命令をした場合には、その旨を公示しなければならない。

なお、勧告又は命令をした場合は、当該施設の開設者に対し期限内に文書によりとった措置について報告を求める。

（7）許可の取消し等

都道府県知事は、法第104条又は法第114条の6の規定により、介護老人保健施設又は介護医療院における指定基準違反等又は人格尊重義務違反の内容等が、法第104条第1項各号、法第114条の6第1項各号のいずれかに該当する場合においては、当該施設に係る許可を取り消し、又は期間を定めてその許可の全部若しくは一部の効力の停止（以下「許可の取消等」という。）をすることができる。

（8）その他

監査の結果については、文書により通知する。なお、上記（1）～（7）

に該当する場合はそれらの通知に代えることができる。また、上記（1）
～（7）に該当しない、改善を要すると認められた事項については、その
旨を通知し期限を定めて報告を求めるものとする。

4　聴聞等
　　監査の結果、当該介護保険施設等が、命令又は指定の取消等若しくは許可の
取消等の処分（以下「取消処分等」という。）に該当すると認められる場合は、
監査後、取消処分等の予定者に対して、行政手続法（平成5年法律第88号）第
13条第1項各号の規定に基づき聴聞又は弁明の機会を付与しなければならない。
　　ただし、同条第2項各号のいずれかに該当するときは、これらの規定は適用
しない。

5　経済上の措置
（1）不正利得となる返還金の徴収の要請
　　　都道府県知事又は市町村長が取消処分等（命令を除く。）を行った場合に、
当該介護保険施設等が法第22条第3項に規定する偽りその他不正の行為によ
り介護報酬の支払いを受けている場合には、その支払った額につきその返還
させるべき額を不正利得とし、当該支払いに関係する保険者に対し、当該不
正利得の徴収を行うよう要請するものとする。
（2）返還金の徴収方法
　　　上記（1）の不正利得については、原則として、法第22条第3項の規定に
より当該返還させるべき額に100分の40を乗じて得た額を併せて徴収するも
のとする。

第5　監査にあたっての留意事項
1　都道府県内の連携等
　　市町村長は、第4の3「行政上の措置」を行う場合には、事前に都道府県知
事に情報提供を行うものとし、情報提供を受けた都道府県知事は、当該市町村
長に対し必要に応じ助言を行う。
2　厚生労働省への報告
　　都道府県又は市町村は、法第197条第2項の規定に基づき、監査及び行政措置
の実施状況について、別に定めるところにより、厚生労働省老健局総務課介護
保険指導室に報告する。

第2章

運営指導と
介護サービス情報の
公表制度との関係

01 ますます重要度が増す介護サービス情報の公表制度

事業所の介護サービス情報の公表内容がチェックされている

　介護保険サービスを提供している事業者（施設等を含む）は、原則として毎年1回、提供する介護サービスに関する情報を都道府県、政令指定都市に報告しなければなりません。制度を管轄する都道府県や政令指定都市は、事業者から報告された情報を調査、確認し公表しなければならない、と介護保険法で定められています。

公表情報に虚偽の内容はないか

　特に注意すべきは、**報告に虚偽の疑いがある場合には調査が行われる**という点です。状況によっては運営指導や監査に発展することもあります。

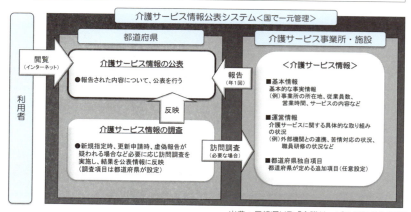

出典：長崎県HP「介護サービス情報の公表等」より

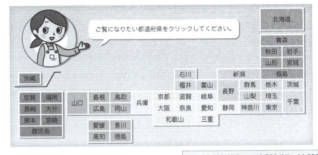

出典：https://www.kaigokensaku.mhlw.go.jp/

　運営指導の「効率化・標準化の運用指針」により、確認項目や確認文書が絞られました。その結果、運営指導担当者が事前に必要な事業者情報を補完するツールの１つとして、この「介護サービス情報の公表制度」の情報の重要度がこれまで以上に高まっています。

　従来から運営指導担当者は、この制度で公表されている情報を事前に確認した上で運営指導に臨んでいますが、確認するポイントがさらに深まるだろうと推測できます。

　少なくとも以下の３項目は、必ず確認するのではないかと考えられます。

1. 事業所を運営する法人等に関する事項
2. 介護サービスを提供し、又は提供しようとする事業所に関する事項
3. 事業所において介護サービスに従事する従業者に関する事項

1. 事業所を運営する法人等に関する事項

● 1．事業所を運営する法人等に関する事項

法人等の名称、主たる事務所の所在地及び電話番号その他の連絡先

法人等の名称	法人等の種類	営利法人	
		（その他の場合、その名称）	
	名称	（ふりがな）	ゆうげんがいしゃ あおぞら
		有限会社 青空	
	法人番号の有無	法人番号の指定を受けている	
	法人番号	1020002068074	
法人等の主たる事務所の所在地	〒236-0021		
	神奈川県横浜市金沢区泥亀1-15-2ひいちやビル3F		
法人等の連絡先	電話番号	045-791-6614	
	ＦＡＸ番号	045-784-6101	
	ホームページ	あり	
法人等の代表者の氏名及び職名	氏名	山口　ひとみ	
	職名	代表取締役	
法人等の設立年月日		2002/12/12	

2. 介護サービスを提供し、又は提供しようとする事業所に関する事項

● 2．介護サービスを提供し、又は提供しようとする事業所に関する事項

事業所の名称、所在地及び電話番号その他の連絡先

事業所の名称	（ふりがな）	あおぞらけあせんたー	
	青空ケアセンター		
事業所の所在地	〒236-0021	市区町村コード	横浜市金沢区
	（都道府県から番地まで）	神奈川県横浜市金沢区泥亀１－１５－２	
	（建物名・部屋番号等）	ひいちやビル３F	
事業所の連絡先	電話番号	045-349-8077	
	FAX番号	045-784-6101	
	ホームページ	あり	
介護保険事業所番号	1470800655		
事業所の管理者の氏名及び職名	氏名	齋藤　希美子	
	職名	管理者	

事業の開始年月日若しくは開始予定年月日及び指定若しくは許可を受けた年月日
（指定又は許可の更新を受けた場合にはその直近の年月日）

事業の開始（予定）年月日	2003/04/01
指定の年月日	2003/04/01

3. 事業所において介護サービスに従事する従業者に関する事項

● 3．事業所において介護サービスに従事する従業者に関する事項

職種別の従業者の数、勤務形態、労働時間、従業者１人当たりの利用者数等

実人数	常勤		非常勤		合計	常勤換算人数
	専従	兼務	専従	兼務		
介護支援専門員	10人	2人	0人	1人	13人	10.75人
うち主任介護支援専門員	3人	1人	0人	0人	4人	3.25人
事務員	0人	1人	0人	1人	2人	1.8人
その他の従業者	0人	0人	0人	0人	0人	0人
１週間のうち、常勤の従業者が勤務すべき時間数						40時間

※ 常勤換算人数とは、当該事業所の従業者の勤務延時間数を当該事業所において常勤の従業者が勤務すべき時間数で除することにより、当該事業所の従業者の人数を常勤の従業者の人数に換算した人数をいう。

介護支援専門員の男女の人数		男性	2人		女性	11人

従業者である介護支援専門員が有している資格

延べ人数	常勤		非常勤	
	専従	兼務	専従	兼務
医師	0人	0人	0人	0人
歯科医師	0人	0人	0人	0人
薬剤師	0人	0人	0人	0人

以上は、「事業所の詳細」に掲示されている事項の一部です。

また、この他に**レーダーチャートに示された７つの事項**も当然確認するでしょう。「運営状況」を確認するのに要する時間はものの数分ですから、担当者は相当の事前情報をもって、運営指導を行うことになります。

2012年に「**介護サービス情報公表システム**」がリニューアルされて以降、徐々に閲覧数も増えており、コロナ禍のあった2020年度のアクセス数は「事業所概要」が約9,677万、「全国トップページ」が約206万となっています。

利用者の家族や居宅介護支援事業所の介護支援専門員などが、介護サービス事業者を選ぶための情報として参考にするようになってきました。このことは自治体の運営指導担当者も十分承知しているはずです。

厚生労働省のホームページにも次のような案内文があり、介護サービスの利用者に利用を促しています。

> 公表情報を活用した利用者の事業所の選択支援を目的として、情報の中から事業所を選択する目安となるポイントや、比較・検討を行う際の事業所間の相違点の読み解き方等について整理されたガイドブックを作成しておりますので、ご参考としてください。

02 介護サービス情報の公表と第三者評価制度等との違いを知る

介護サービス情報の公表制度と他の制度はどう違うのか

　介護保険制度創設から20年以上が経過している今でも、運営指導と介護サービス情報の公表制度や「第三者評価」の違いがよく理解できていない介護事業関係者がいます。

各制度とその違い

　介護サービス情報の公表から見た指導・監査や第三者評価との違いを理解しておきましょう。

　第三者評価は、正しくは「**福祉サービス第三者評価制度**」といい、全国社会福祉協議会と都道府県が連携して行っています。保育所や障害者施設などの福祉サービスとともに、介護サービス事業所や介護施設なども任意で受審できます。第三者評価は実施された後に、その結果が必ず公表されます。福祉サービス第三者評価事業の推進体制も見ておきましょう。

指導監査や第三者評価との違い

第三者評価（評価機関） 任意	・評価機関が一定の基準に基づいて、基準の達成度合いを評価 ・事業所の介護サービスの質の向上と利用者のサービス選択の支援を目的としている ・実施主体：かながわ福祉サービス第三者評価推進機構が認証した評価機関
介護サービス情報の公表 （都道府県及び政令市） すべての事業所	・すべての事業所を対象として利用者の事業所選択に資する情報を第三者が確認し、その結果のすべてを定期的に開示（年1回） ・事業所の比較検討を可能にし、利用者のニーズに応じた選択を支援する ・実施主体：都道府県及び政令市（指定情報公表センター・指定調査機関）
指導監査（自治体） 義務	・行政が事業者の指定基準等の遵守状況を確認 ・結果の公表を目的としていない ・実施主体：都道府県及び市町村

出典：神奈川県介護サービス情報公表センターHP

福祉サービス第三者評価事業の推進体制

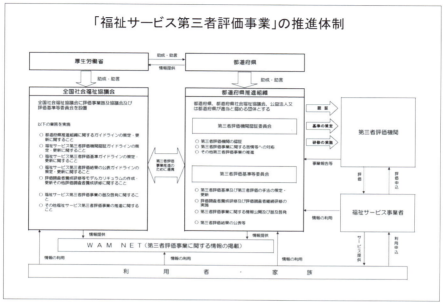

出典：全国社会福祉協議会ホームページ

介護サービス情報の公表と運営指導

　介護サービス情報の公表では、公表しようとする情報を年に1回報告することを義務付け、第三者の確認を経て公表されることになっています。都道府県によっては調査員が事業所や施設に訪問し、公表前の報告内容を確認しています。

　運営指導は、行政（都道府県や保険者）が、介護事業所、施設等の運営基準等の遵守状況や介護報酬請求の状況などを確認し、必要があれば指導し改善を求めます。運営指導の結果等を公表することはありません。

　なお、都道府県や政令指定都市では、介護サービス情報の公表を所轄する部署が、運営指導や監査を執り行う部署と同じ場合が多く、部署、部門間の介護事業所情報の共有が進んでいると考えられます。

03 指定が取り消されると5年は再指定申請ができない

公表内容に虚偽があれば指定取消などの処分もある

介護サービス情報の公表制度の法的根拠

　介護保険法「第十節　介護サービス情報の公表」の第115条の35の第4項～第7項では、次のような内容が規定されています。

　「指定介護事業者には、**年に1回の介護サービス情報の報告が義務付け**られています。この**報告内容に虚偽**があった場合や都道府県が行う**調査を拒否**したり、**調査の実施を妨害**したりした場合には、**指定や許可の取消や効力の停止ができる**ことになっている。」

● **事業者側の理解が十分とは言えない**

　筆者は2018年度まで介護サービス情報の公表の主任調査員を務めていましたので、意図的な虚偽とは言えないまでも、ずさんな報告を行っている事業者を見かけることがありました。

　例えば、報告には研修を実施したとなっていても、筆者が研修の実施記録の確認を求めると、その記録がないという事例は年間に数件はありました。また、調査日以前1年間の資料を確認することになっているにもかかわらず、3、4年前の資料を平然と提示する事業者もありました。

　報告内容が一部間違っていたり、勘違いしたりして報告されている例もあります。事業者の多くは、介護保険法で定められている介護サービス情報の公表について、十分に理解されていないのではないかと考えられます。これは法令遵守の観点からも改善すべき課題だと言えます。

　ここで、「介護サービス情報の公表」制度に関する法的根拠（介護保険法第115条の35）を再確認しておきましょう。

介護保険法第115条の35（介護サービス情報の報告及び公表）

（介護サービス情報の報告及び公表）
第百十五条の三十五　介護サービス事業者は、指定居宅サービス事業者、指定地域密着型サービス事業者、（中略）　訪問入浴介護その他の厚生労働省令で定めるサービス（以下「介護サービス」という。）の提供を開始しようとするときその他厚生労働省令で定めるときは、政令で定めるところにより、その提供する介護サービスに係る介護サービス情報（介護サービスの内容及び介護サービスを提供する事業者又は施設の運営状況に関する情報であって、介護サービスを利用し、又は利用しようとする要介護者等が適切かつ円滑に当該介護サービスを利用する機会を確保するために公表されることが必要なものとして厚生労働省令で定めるものをいう。以下同じ。）を、当該介護サービスを提供する事業所又は施設の所在地を管轄する都道府県知事に報告しなければならない。
2　都道府県知事は、前項の規定による報告を受けた後、厚生労働省令で定めるところにより、当該報告の内容を公表しなければならない。
3　都道府県知事は、第一項の規定による報告に関して必要があると認めるときは、当該報告をした介護サービス事業者に対し、介護サービス情報のうち厚生労働省令で定めるものについて、調査を行うことができる。
4　都道府県知事は、介護サービス事業者が第一項の規定による報告をせず、若しくは虚偽の報告をし、又は前項の規定による調査を受けず、若しくは調査の実施を妨げたときは、期間を定めて、当該介護サービス事業者に対し、その報告を行い、若しくはその報告の内容を是正し、又はその調査を受けることを命ずることができる。
5　都道府県知事は、指定地域密着型サービス事業者、指定居宅介護支援事業者、指定地域密着型介護予防サービス事業者又は指定介護予防支援事業者に対して前項の規定による処分をしたときは、遅滞なく、その旨を、当該指定地域密着型サービス事業者、指定居宅介護支援事業者、指定地域密着型介護予防サービス事業者又は指定介護予防支援事業者の指定をした市町村長に通知しなければならない。
6　都道府県知事は、指定居宅サービス事業者若しくは指定介護予防サービス事業者又は指定介護老人福祉施設、介護老人保健施設若しくは介護医療院の開設者が第四項の規定による命令に従わないときは、当該指定居宅サービス事業者、指定介護予防サービス事業者若しくは指定介護老人福祉施設の指定若しくは介護老人保健施設若しくは介護医療院の許可を取り消し、又は期間を定めてその指定若しくは許可の全部若しくは一部の効力を停止することができる。
7　都道府県知事は、指定地域密着型サービス事業者、指定居宅介護支援事業者、指定地域密着型介護予防サービス事業者又は指定介護予防支援事業者が第四項の規定による命令に従わない場合において、当該指定地域密着型サービス事業者、指定居宅介護支援事業者、指定地域密着型介護予防サービス事業者又は指定介護予防支援事業者の指定を取り消し、又は期間を定めてその指定の全部若しくは一部の効力を停止することが適当であると認めるときは、理由を付して、その旨をその指定をした市町村長に通知しなければならない。

04 いつ指導が入っても困らないよう日頃の整備が大切

まずレーダーチャートでバランスを見る

　確認項目と確認文書が具体的に決められたことで、運営指導担当者にとっては効率よく効果的な指導を行う環境が整いつつあります。

自事業所の公表内容を頭に入れておくこと

　これまで通り運営指導担当者は、**事前に指導対象の介護事業所、施設に関する情報を収集し、分析しています。**

　その1つは、前述した「介護サービス情報の公表内容」です。運営指導担当者がこの情報を必ず確認しているのはなぜでしょうか。筆者の個人的な推測ですが、全体的にサービスの質に関する項目が多いため、公表内容を見て対象事業所のサービスの質の状況を確認し、運営基準の遵守状況などを想定して運営指導に臨んでいるのではないかと考えられます。

　筆者が介護サービス情報の公表で調査員を務めていた時は、事前に必ず現在の公表内容を確認し、今回報告されている内容と比較していました。報告内容が現在の公表内容よりも改善しているか否か、どの項目が「なし」から「あり」になっているか、またその逆も見ていました。

レーダーチャートを見る

　最初に見るのは、「事業所の概要」にある「**レーダーチャート**」です。レーダーチャートには、7つの指標が表示されています。

　ただし、七角形がきれいに表示されていれば、問題がないというわけではありません。きれいな七角形でも、運営指導担当者は苦情対応の記録やサービス担当者会議の開催状況などを確認したり、掲示されている運営規程の内容を確認したりするでしょう。

7角形で0～5段階で表す「レーダーチャート」

　運営指導担当者は、介護サービス情報の公表制度の公表内容の確認以外にも、**国保連が大量の請求データを事業所ごとに解析した結果等**にも目を通しています。

05 公表内容に予期せぬ過誤がないかを確認しておく

介護サービス情報の公表の重要項目を再チェックする

　前項に示した「レーダーチャート」の7つの指標をもとに、介護サービス情報公表サイトから自事業所の公表内容を見てみましょう。

レーダーチャートの7つの指標

　運営状況 をクリックすると、最初にレーダーチャートがあります。居宅介護支援事業所を例に、次の7つの指標のチェック項目をいくつか確認してみましょう（「外部機関等との連携」は説明を割愛しています）。

利用者の権利擁護　サービスの質の確保への取組　相談・苦情等への対応
外部機関等との連携　事業運営・管理　安全・衛生管理等　従業者の研修等

利用者の権利擁護

　このページには、「1.利用者の権利擁護のための取組」とあり（1）～（3）の3項目に対して11のチェック項目があります。
　（1）サービス提供開始時のサービス内容の説明及び同意の取得状況
　重要事項の説明と契約書を交わしていることを確認しています。この2点のチェック欄が○になっていないことはあり得ないと思いますが、念のため確認しておきましょう。
　（2）利用者等の情報の把握及び課題分析の実施状況
　この項目は非常に重要です。利用者のアセスメント（解決すべき課題の把握）については、運営指導の確認文書にも含まれています。アセスメン

トシート（記録）の項目に、アセスメントを行った日時や担当者名、実施した場所や必要があれば家族等の同席状況も明記しておきましょう。

（3）利用者に応じたサービス計画の作成、同意の取得状況

この項目も重要です。運営指導の確認項目にも、「居宅サービス計画原案の内容について利用者又はその家族に対して説明し、文書により同意を得ているか」とあります。居宅サービス計画について、利用者や家族に説明し、同意を得ていることを記録等で確認します。

1. 利用者の権利擁護のための取組

● 1. 利用者の権利擁護のための取組

(1) サービス提供開始時のサービス内容の説明及び同意の取得状況	チェック項目
・介護保険制度について説明する仕組みがある。	
介護保険制度についての説明用の資料を備え付けている。	○
・「介護サービス情報の公表」制度について説明する仕組みがある。	
「介護サービス情報の公表」制度についての説明用の資料を備え付けている。	○
・利用申込者に対し、サービスの重要事項について説明し、サービス提供開始について同意を得ている。	
重要事項を記した文書に、利用申込者等の署名等がある。	○
・サービス利用契約の際、利用申込者の判断能力に応じて、代理人等との契約を行ったり、立会人を求めている。	
利用者の家族、代理人等と交わした契約書等がある。	○
(2) 利用者等の情報の把握及び課題分析の実施状況	チェック項目
・利用者のアセスメント（解決すべき課題の把握）の方法を定めている。	
統一された基準によるアセスメント（解決すべき課題の把握）シートがある。	○

サービスの質の確保への取組

「2. 利用者本位の介護サービスの提供」の（4）から（8）まで、5項目あり、各項目でマニュアルないし記録、確認文書の有無を確認しています。チェック欄に○が少ないということがないようにしましょう。

運営指導の確認項目及び確認文書でも各種記録の項目があり、必ず確認されます。

ここで重要な項目を2点だけ触れておきます。

（４）認知症の利用者に対する介護サービスの質の確保のための取組

　認知症の利用者への対応力を備えるための従業者に対する研修の実施記録を確認します。認知症ケアは日進月歩で進化していますので、状況変化に対応した内容で、できる限り毎年研修を行いましょう。

　また、「認知症のケア等に関するマニュアル」についても定期的に見直し、改訂するよう心掛けてください。

（５）利用者のプライバシー保護のための取組

　利用者のプライバシー保護は、認知症の利用者対応と同等に重要な項目です。

　多くの介護事業所、介護施設では**個人情報保護規程**などがあり、マニュアルとして活用していると思われます。個人情報保護もプライバシー保護と同じようなものという理解が一般的ですが、微妙な違いもあります。両者の保護目的などを含めて理解を深めると、サービスの質の向上が期待できます。

2. サービスの質の確保への取組

● 2．利用者本位の介護サービスの提供

(4) 認知症の利用者に対する介護サービスの質の確保のための取組	チェック項目
・従業者に対して、認知症及び認知症ケアに関する研修を行っている。	
利用者の対応や従業者に対する認知症等に関する研修の実施記録がある。	○
・認知症の利用者への対応及び認知症ケアの質を確保するための仕組みがある。	
認知症のケア等に関するマニュアル等がある。	○
(5) 利用者のプライバシー保護のための取組	チェック項目
・従業者に対して、利用者のプライバシー保護について周知している。	
利用者のプライバシー保護の取り組みにかかるマニュアル等がある。	○
利用者のプライバシー保護の取り組みにかかる研修の実施記録がある。	○
(6) 要介護認定等の申請に係る援助	チェック項目
・利用者等からの依頼に基づき、要介護認定の申請（更新）代行を行っている。	
利用者等から、申請代行の依頼を受けたことが確認できる文書がある。	○
(7) 入退院又は入退所に当たっての支援	チェック項目
・利用者が、介護保険施設への入所を希望した場合には、施設との連携を図っている。	
居宅サービス計画書（ケアプラン）に、介護保険施設との連絡の記録がある。	○

相談・苦情等への対応

　「3.相談、苦情等の対応のために講じている措置」と「4.サービスの内容の評価や改善等」で、6つのチェック項目があります。

　居宅介護支援の運営指導の確認項目に「苦情処理（第26条）」があります。確認文書には、「苦情の受付簿」「苦情者への対応記録」の2点が明記されています（156ページ参照）。介護サービス情報の公表制度でも、ほぼ同じ文書を確認しています。

　ただし、後者では重要事項説明書に対応窓口等の記載あり・なしも確認します。また、苦情だけでなく相談にも対応することを想定した項目になっています。

　したがって、マニュアルや記録書の表題も「相談・苦情対応マニュアル」、「相談・苦情対応記録書」としておきましょう。

4. サービスの内容の評価や改善等

● 3. 相談、苦情等の対応のために講じている措置

(9) 相談、苦情等の対応のための取組	チェック項目
・居宅サービス計画書（ケアプラン）に位置付けたサービスに対して、利用者等からの相談、苦情等に対応する仕組みがある。	
重要事項を記した文書等利用者に交付する文書に、相談、苦情等対応窓口及び担当者が明記されている。	○
相談、苦情等対応に関するマニュアル等がある。	○
・相談、苦情等対応の経過を記録している。	
相談、苦情等対応に関する記録がある。	○
・相談、苦情等対応の結果について、利用者等に説明している。	
相談、苦情対応等の結果について、利用者等に対する説明の記録がある。	○

● 4. サービスの内容の評価や改善等

(10) 介護サービスの提供状況の把握のための取組	チェック項目
・介護支援専門員（ケアマネジャー）は、1か月に1回以上利用者の居宅を訪問し、面接している。	
居宅サービス計画書（ケアプラン）又は訪問記録に、1か月に1回以上利用者の居宅を訪問し、面接した記録がある。	○
(11) 介護サービスに係る計画等の見直し	チェック項目

事業運営・管理

　介護サービス情報の公表において、介護サービス事業所がもっとも不得意な項目ではないかと考えられます。「6.適切な事業運営の確保」と「7.事業所の運営管理、業務分担、情報の共有等」で、計7項目があります。

　（14）従業者等に対する倫理、法令等の周知等

　（15）計画的な事業運営のための取組

　（16）事業運営の透明性の確保のための取組

　（17）介護サービス改善のための取組

　（18）従業者の役割分担等の明確化のための取組

　（19）介護サービス提供のため、従業者間の情報共有の取組

　（20）従業者からの相談等への対応状況

　運営指導の確認項目には、上記に関連する確認項目はありませんが、運営指導担当者は、相当な関心を持って見ている内容ではないかと考えられます。特に今後は事業所の従業者にも運営基準等を理解してもらい、適切な事業運営、管理が求められるようになるでしょう。

6. 適切な事業運営の確保

● 6. 適切な事業運営の確保

（14）従業者等に対する倫理、法令等の周知等	チェック項目
・従業者が守るべき倫理を明文化している。	
倫理規程がある。	◯
・従業員に対して、倫理及び法令遵守に関する研修を実施している。	
倫理及び法令遵守にかかる研修の実施記録がある。	◯
（15）計画的な事業運営のための取組	チェック項目
・事業計画を毎年度作成している。	
毎年度の経営、運営方針が記載されている事業計画等がある。	◯
（16）事業運営の透明性の確保のための取組	チェック項目
・事業計画や財務内容に関する資料を閲覧できるようにしてある。	
事業計画及び財務内容を閲覧できることが確認できる。	◯
（17）介護サービス改善のための取組	チェック項目
・事業所が抱える改善課題について、現場の従業者と幹部従業者とが合同で検討する仕組みがある。	
現場の従業者と幹部が参加する業務改善会議等の記録がある。	◯

安全・衛生管理等

ここでは、大きく3つの項目があり、運営指導の確認項目とも深く関連する項目があります。

(21) 安全管理及び衛生管理のための取組

(22) 個人情報保護の取組

(23) 介護サービスの提供記録の開示状況

安全管理及び衛生管理では、「緊急時対応マニュアル」や「非常災害時対応マニュアル」などを確認しています。

個人情報保護の取組では、「個人情報保護に関する方針」を事業者内に掲示していることを確認しています。運営指導の確認項目「秘密保持等（第23条）」では、利用書及び家族の個人情報（使用）同意書などを詳細に確認するものと考えられます。

介護サービスの提供記録の開示状況では、事業所の規定等に、利用者等からサービス提供記録等の開示を求められた場合に、開示に応じることが明記されていることを確認しています。

8. 安全管理及び衛生管理等

● 8. 安全管理及び衛生管理

(21) 安全管理及び衛生管理のための取組	チェック項目
・サービス提供時における利用者の緊急時の対応を定めている。	
利用者の緊急連絡先の記載がある文書、緊急時の対応や連絡体制が記載されたマニュアル等がある。	○
・非常災害時に対応するための仕組みがある。	
非常災害時の対応手順等について定められたマニュアル等がある。	○

● 9. 情報の管理、個人情報保護等

(22) 個人情報保護の取組	チェック項目
・業務上必要とされる利用者やその家族の個人情報を利用する場合は、利用目的を公表している。	
個人情報の利用目的を明記した文書を事業所内に掲示し、利用者等に配布している。	○
・個人情報の保護について、事業所の方針を公表している。	
個人情報の保護に関する事業所の方針を、事業所内に掲示している。	○
個人情報の保護に関する事業所の方針について、ホームページ、パンフレット等への掲載がある。	○
(23) 介護サービスの提供記録の開示状況	**チェック項目**
・利用者の求めに応じて、サービス提供記録を開示する仕組みがある。	

従業者の研修等

　介護サービス情報公表サイトにアクセスして、特定の介護事業所や介護施設等の運営情報を閲覧する人は確実に増えています。介護サービスの質を判断する指標の1つとして、従業者への研修の実施状況が考えられます。そうした観点から、この3項目は非常に重要です。

（24）従業者等の計画的な教育、研修等の実施状況

（25）利用者の意向等を踏まえた介護サービスの提供内容の改善状況

（26）介護サービスの提供のためのマニュアル等の活用及び見直しの実施状況

　運営指導の確認項目では、「勤務体制の確保（第19条）」で、研修計画や研修の実施記録を確認することになります。

　なお、運営指導では確認の対象にはなっていませんが、事業所、施設の定期的な自己評価を行い、各種マニュアルの見直しも定期的に行って、チェック欄に○が表示されていると、運営指導担当者の印象もよいのではないでしょうか。

10. その他、介護サービスの質の確保のために行っていること

● 10. その他、介護サービスの質の確保のために行っていること

(24) 従業者等の計画的な教育、研修等の実施状況	チェック項目
・全ての「新任」の従業者を対象とする研修を計画的に行っている。	
全ての「新任」の従業者を対象とする研修計画がある。	○
全ての「新任」の従業者を対象とする研修の実施記録がある。	○
・全ての「現任」の従業者を対象とする研修を計画的に行っている。	
全ての「現任」の従業者を対象とする研修計画がある。	○
全ての「現任」の従業者を対象とする研修の実施記録がある。	○
(25) 利用者の意向等を踏まえた介護サービスの提供内容の改善状況	**チェック項目**
・利用者の意向、満足度等を、経営改善に反映する仕組がある。	
経営改善のための会議で、利用者の意向、満足度等について検討された記録がある。	○
・自ら提供するサービスの質について、定期的に事業所の自己評価を行っている。	
自ら提供するサービスの質について、事業所の自己評価を行った記録がある。	○
・事業所全体のサービスの質の確保について検討する仕組がある。	
事業所全体のサービス内容を検討する会議の設置規程等がある。	○

06 原則全介護サービス事業所に都道府県への毎年度の報告を義務化

2024年度から経営情報の報告が義務化された

　2023年の法改正（介護保険法115条の44の2）により、2024（令和6）年度から施行された『経営情報の報告』は、介護サービス情報の公表とは別に、事業者に義務化されることとなりました。

介護サービス事業者の経営情報の調査及び分析等の概要

　2040年を見据えた人口動態等の変化、生産年齢人口の減少と介護現場における人材不足の状況、新興感染症等による介護サービス事業者への経営に与える影響を踏まえた支援、制度の持続可能性などに的確に対応するとともに、物価上昇や災害、新興感染症等に当たり経営影響を踏まえた的確な支援策の検討を行う上で、3年に一度の介護事業経営実態調査を補完する必要があります。

　このため、**介護サービス事業者の経営情報の収集及びデータベースの整備をし、収集した情報を国民にわかりやすくなるよう属性等に応じてグルーピングした分析結果を公表する制度**が創設されたのです。

　なお、提出期限は「毎会計年度終了後3か月以内」とされましたが、**初回に限り2024年度末までに提出で可とされています。**

データベースの概要

【報告対象】 原則、全介護サービス事業者

　ただし、小規模事業者等に配慮し、「過去1年間で提供した介護サービスの対価として支払いを受けた金額が100万円以下のもの」及び「災害その他都道府県知事に対し報告を行うことができないことにつき正当な理由があるもの」は対象外となります。

【収集情報】
①事業所・施設の名称、所在地その他の基本情報
②事業所・施設の収益及び費用の内容
③事業所・施設の職員の職種別人員数その他人員に関する事項
④その他必要な事項

上記の他に、任意項目として、「職種別の給与(給料・賞与)及びその人数」があります。

【公表方法】属性等に応じてグルーピングした分析結果の公表

なお、介護サービス情報の公表制度にも、「事業者等の財務状況」の公表が追加されました(63ページ参照)。

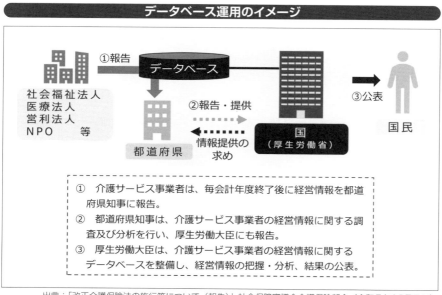

出典:「改正介護保険法の施行等について(報告)」社会保障審議会介護保険部会(令和5年12月7日)

07 調査票も一部が改正された
介護サービス情報の公表制度の一部改正

「調査票（運営情報）」に加わった主な新項目

2024（令和6）年10月18日、「「介護サービス情報の公表」制度の施行について」（厚生労働省老健局長通知）が一部改正され、以下のように調査票にも新たな項目が加わります（介護保険最新情報Vol.1322参照）。

●身体的拘束等の廃止のための取組を行っている（確認事項31）

確認事項31では、「確認のための材料」として3点列記しています。身体的拘束等の有無にかかわらず、その取組について確認している点を見逃すことはできません。

●高齢者虐待防止のための取組を行っている（確認事項34）

確認事項34も、確認のための材料が４項目あり、①高齢者虐待防止マニュアル、②委員会も構成員として専門家を活用している旨の確認文書、③管理者を含む従業者対象の研修の記録、④研修を企画し実施する職員を養成するための取組を行っている記録、以上４点の有無を確認します。

●感染症や災害が発生した場合であっても、必要な介護サービスを継続的に提供するため仕組みがある（確認事項59）

59 感染症や災害が発生した場合であっても、必要な介護サービスを継続的に提供するための仕組みがある。	73 感染症に係る業務継続計画（BCP）を策定し、体制の整備、個人防護具、消毒液等の備蓄等の計画に従った必要な措置を講じるとともに、従業者に対する業務継続計画（BCP）に関する周知の実施記録がある。	[　　] 0. なし・ 1. あり
	74 災害に係る業務継続計画（BCP）を策定し、体制の整備、水、食料、燃料の備蓄等の計画に従った必要な措置を講じるとともに、従業者に対する業務継続計画（BCP）に関する周知の実施記録がある。	[　　] 0. なし・ 1. あり
	75 従業者に対する業務継続計画（BCP）に関する研修の実施記録がある。	[　　] 0. なし・ 1. あり
	76 業務継続計画（BCP）に基づく訓練の実施記録がある。	

　確認事項59は、運営指導の確認文書と同様です。注意すべきは、確認のための材料「74…（BCP）に関する周知の実施記録がある。」という点です。

●介護現場における生産性向上の取組を継続的に実施するための体制がある（確認事項60）

60 介護現場における生産性向上の取組を継続的に実施するための体制がある。	78 利用者の安全並びに介護サービスの質の確保及び職員の負担軽減に資する方策を検討するための委員会を設置している。	[　　] 0. なし・ 1. あり
	79 介護ロボットやICTの活用に関する研修を修了した者が勤務している	[　　] 0. なし・ 1. あり
	80 介護ロボットやICTの活用に関する資格を取得した者が勤務している	[　　] 0. なし・ 1. あり
	（その他）	

　確認事項60では材料が３項目あり、段階的に整備しましょう。

●会計の種類など（確認事項71・72）

11 経営情報の見える化のために講じている措置	33 財務状況の公表	71 会計の種類	94 （事業所が使用している会計の種類を記入）	
		72 「財務諸表」又は「計算書類」の公表	95 事業活動計算書（損益計算書）	（PDF又はCSVファイルをアップロード）
			96 資金収支計算書（キャッシュフロー計算書）	（PDF又はCSVファイルをアップロード）
			97 貸借対照表（バランスシート）	（PDF又はCSVファイルをアップロード）

　2024年４月施行の「経営情報の報告」義務化に沿った確認事項「71　会計の種類」、「72財務諸表又は会計書類の公表」です。確認のための材料にある「94.95.96.97.」の公表状況を確認します。

第3章

間に合わせの
直前対策は
意味がない

01 実施事業所の半数以上が改善報告を求められている

運営指導の実施件数から わかる意外な事実

実施率が低い中で実施事業所の半数以上に改善指示

　右ページで訪問介護事業所の欄を見ると、事業所数（令和4年4月1日時点）は、37,019で実施事業所数が4,271ですから、**実施率は11.54%**です。**新型コロナ感染症拡大の影響**が大きく、実施率は相当低い状態にありましたが、実施事業所数のうち「改善報告を求めた事業所数」が2,313あり、54.16％と実施事業所数の半数を超えています。

　通所介護事業所は事業所数25,049で実施率は11.69％、「改善報告を求めた事業所数」は1,474で、50.36％になります。

　運営指導の実施率が比較的高いのは、介護老人福祉施設（特別養護老人ホーム）で、19.47％と全施設の2割弱です。比較的高い実施率でも改善報告を求めた事業所数は46.29％と、こちらも半数近い状況です。

　気になるのは居宅介護支援事業所です。実施率は14.64％ですが、「うち無通知によるもの」が33件と、他のサービスに比べ、やや多いです。この現状については、厚労省としても早期に改善したいところでしょう。

間に合わせの運営指導対策は効果が薄い

　運営指導の通知を受け取ってから、慌てて間に合わせの対策を試みた結果、半数以上が改善報告を求められているわけです。2024年7月の「**運営指導マニュアル一部改訂**」後の運営指導では、確認項目や確認文書がやや増加し、チェックのポイントがより深まることは容易に想像できます。

　繰り返しになりますが、**「運営指導対策」という当事者の自己満足的作業は期待するほどの効果がない**ことは数字の上からも読み取れます。

令和4年度介護サービスの種類別に見た運営指導の実施件数

介護サービスの種類		所管事業所数 (R4.4.1時点)	実施事業所数	うち無通告によるもの	うち改善報告を求めた事業所数	うち過誤調整を指示した事業所数
指定居宅サービス	指定訪問介護事業所	37,019	4,271	18	2,313	325
	指定訪問入浴介護事業所	1,715	178	1	47	7
	指定訪問看護事業所	14,209	1,363	2	719	126
	指定訪問リハビリテーション介護事業所	1,663	158	1	55	6
	指定居宅療養管理指導事業所	685	16	-	7	1
	指定通所介護事業所	25,049	2,927	12	1,474	227
	指定通所リハビリテーション事業所	1,515	231	1	102	15
	指定短期入所生活介護事業所	12,063	1,907	8	743	68
	指定短期入所療養介護事業所	1,074	264		97	11
	指定特定施設入居者生活介護事業所	5,708	834	13	428	63
	指定福祉用具貸与事業所	8,035	808	2	370	5
	指定特定福祉用具販売事業所	7,861	786	2	344	2
指定介護保険施設サービス	指定介護老人福祉施設	8,512	1,657	10	767	147
	介護老人保健施設	4,270	680	2	317	69
	指定介護療養型医療施設	393	13		4	
	介護医療院	709	116		62	12
指定介護予防サービス	指定介護予防訪問入浴介護事業所	1,587	159	1	34	3
	指定介護予防訪問看護事業所	14,283	1,291	2	660	98
	指定介護予防訪問リハビリテーション事業所	1,587	140	1	38	4
	指定介護予防居宅療養管理指導事業所	948	13		4	1
	指定介護予防通所リハビリテーション事業所	1,497	224	1	91	11
	指定介護予防短期入所生活介護事業所	11,505	1,601	7	659	50
	指定介護予防短期入所療養介護事業所	1,010	269		92	8
	指定介護予防特定施設入居者生活介護事業所	4,581	697	10	293	39
	指定介護予防福祉用具貸与事業所	7,986	776	2	343	5
	指定特定介護予防福祉用具販売事業所	7,948	753	2	315	2
	指定居宅介護支援事業所	39,209	5,739	33	2,696	832
	指定介護予防支援事業所	5,302	537	3	159	14
指定地域密着型サービス	定期巡回・随時対応型訪問介護看護事業所	1,326	191	-	99	9
	指定夜間対応型訪問介護事業所	233	31	-	5	1
	指定認知症対応型通所介護事業所	4,029	476	1	188	22
	指定小規模多機能型居宅介護事業所	5,772	887	10	446	80
	指定認知症対応型共同生活介護事業所	14,918	2,464	16	1,233	168
	指定地域密着型特定施設入居者生活介護事業所	429	72	-	34	6
	指定地域密着型介護老人福祉施設入所者生活介護事業所	2,517	497	4	256	38
	看護小規模多機能型居宅介護事業所	974	161		93	21
	指定地域密着型通所介護事業所	21,951	2,870	16	1,549	238
指定地域密着型介護予防サービス	指定介護予防認知症対応型通所介護事業所	3,579	388	1	154	15
	指定介護予防小規模多機能型居宅介護事業所	5,138	692	9	327	46
	指定介護予防認知症対応型共同生活介護事業所	13,868	2,008	11	986	119
合計		302,657	39,145	202	18,603	2,914

注：介護保険法第71条又は第72条によるみなし指定を受けた事業所を除く。

（参考）指導の実施率

介護サービスの種類	所管事業所数(A)	実施事業所数(B)	実施率(%)(B)/(A)
指定居宅サービス（予防含む）	169,528	19,666	11.6
介護保険施設サービス	13,884	2,466	17.8
指定居宅介護支援事業所及び指定介護予防支援事業所	44,511	6,276	14.1
指定地域密着型サービス（予防含む）	74,734	10,737	14.4
合計	302,657	39,145	12.9

第3章 間に合わせの直前対策は意味がない

02 自治体の運営指導担当者は対象事業所の情報を把握している

市町村等は事前に介護事業所の詳細情報を収集している

　従来は1事業所につき5〜6時間をかけていた運営指導を3時間程度に短縮した目的は何か？　単に実施件数を増やし、実施率を上げるためだけではないでしょう。

　考えられるのは、指導監査部署の事業者情報の収集能力の向上や、国保連（都道府県国民健康保険団体連合会）から提供される様々なデータ解析後の情報の信頼性が高まっているからではないかと考えられます。

国保連データから情報を収集

　ほぼ毎年、東京都国民健康保険団体連合会では、「**東京都における介護サービスの苦情相談白書**」を公表しています。白書としてまとめられる過程では利用者や家族などから様々な相談や苦情を受け付ける際に、介護事業者や施設の情報も詳細に収集しているはずです。

　「苦情相談白書の発行について」の部分を見ると、情報収集力及びその情報を分析していることがわかります。「2調査対象」には、（2）事業者のサービスに関する利用者等からの苦情、とあります。国保連に寄せられる苦情や相談とともに、区市町村、東京都、国に対する苦情等についても毎月取りまとめを行っていると明記されています。

　運営指導前に様々な事業所の情報が集められていると仮定すれば、確認すべき事項や文書が少なくなっても、十分に運営指導が成り立つと考えられます。運営指導を受ける側が想像する以上の情報を収集し分析しているということは、**直前に行っている運営指導対策が期待するほどの効果がないと言わざるを得ないでしょう。**

東京都における介護サービスの苦情相談白書（令和5年版）

発行：東京都国民健康保険団体連合会

「苦情相談白書の発行について」の部分

苦情相談白書の発行について

1	発行の目的	東京都国民健康保険団体連合会は、介護保険制度における苦情対応関係機関である区市町村、東京都、東京都国民健康保険団体連合会に寄せられた苦情等について、「介護保険に関する苦情等の状況調査」（以下「状況調査」という。）を実施し、毎月取りまとめを行っている。 「苦情相談白書」は、この取りまとめ結果を、更に集約・分析し、介護サービスに関する問題点の把握・共有化を通して、介護サービスの質の向上と介護サービス従事者の資質の向上を図ることを目的として発行する。
2	調査対象	状況調査の対象は、介護保険に関し各機関が受け付けた次の苦情等の情報とし、単なる「問合せ」や苦情的要素を含まない「相談」等は除いている。 (1) 制度及び行政（国、都、区市町村）に対する苦情、不服 (2) 事業者のサービスに関する利用者等からの苦情 (3) その他、制度上の運営に関する苦情や不満、批判的意見等
3	状況調査の調査期間	令和4年度は、令和4年4月1日受付分から令和5年3月31日受付分までである。なお、比較掲上している令和2年度、令和3年度についても4月1日から翌年3月31日受付分である。
4	調査方法	(1) 状況調査は、統計情報と事例情報に分けて実施した。 (2) 統計情報及び事例情報は、状況調査の調査項目として設定した区分により、「1要介護認定、2保険料、3ケアプラン、4サービス供給量、5情報報酬、6その他制度上の問題、7行政の対応、8サービス提供、保険給付、9その他」の9項目の分類ごとに集計・分析を行った。 また、「8サービス提供、保険給付」については、サービスの質に直接関わる事項なので、48のサービス種類ごとに、その苦情内容を更に8項目に分類した。 (3) 事例情報は、「主な苦情事例」として分類項目ごとに、毎月の状況調査の事例情報から抽出した。 (4) 統計情報は、毎月提出された状況調査を取りまとめ集約した結果を、Ⅶ資料等に以下のとおり掲載した。 ・介護保険に関する苦情等の状況調査結果（統計情報） 　令和4年4月～令和5年3月（累計）‥‥‥‥‥様式4 ・苦情分類項目別対応状況 　令和4年4月～令和5年3月（累計）‥‥‥‥‥様式5 ・サービス種類別苦情内容 　令和4年4月～令和5年3月（累計）‥‥‥‥‥様式6

出典：東京都国民健康保険団体連合会

03 サービスの質の向上という最終目的に沿っているかがポイント

確認するポイントは内容的により深まる

　苦情処理を例に考えてみます。訪問介護の確認項目と確認文書の最後から3つ目の項目は「苦情処理」です（78ページ参照）。

記録の目的は何なのかを考えてみる

　苦情処理は全てのサービスにあります。しかし、これまでの運営指導では管理者が誇らしげに「うちの事業所では、苦情は1件もありません。」と言って、それ以上確認されずに済まされていた事例もあります。しかし今後は、そういうわけにはいかないかも知れません。

　介護保険制度では、要介護高齢者は社会的弱者であるとして、その権利と尊厳を守る機能が働くように設計されています。苦情処理もその1つです。実際には苦情を受けていながら、「利用者とよくお話ししたらご納得いただけたので、記録に残すほどのものではないと思い、苦情として認識していませんでした。」という管理者がいました。苦情が全くない事業所がよい事業所だと思い込んでいる管理者は、苦情に対する認識を改めた方がよいと思います。

●**苦情を受け付けた後にどうしているか？**

　では、苦情の件数が多いことが運営指導で大きな問題になるのでしょうか。もちろん、異常に多ければそれも問題ですが、運営指導で確認しようとしているのは、**一度苦情を受け付けた時にその後の対応が適切であるか、迅速に対応できているか**、などを重視しているのです。

　それは、記録で確認するしかありませんから、利用者や家族からの苦情や相談に対して、丁寧に対応し、速やかに解決している状況が確認できるような記録の書き方が必要になります。

念のため、最新の「指定居宅サービス等の事業の人員、設備及び運営に関する基準（令和6年6月1日施行）」の**苦情処理**（第36条）の内容を確認しておきましょう。

　第1項は苦情対応の窓口の設置です。重要事項説明書には、必ず苦情対応窓口の電話番号、担当者の役職名や氏名を記載しておきます。
　第2項は、苦情を受け付けた場合にはその内容を記録しておかなければならないと、あります。**苦情なのか、相談や問い合わせなのか、はっきりしない場合でも、記録に残しておくことをお勧めします。**

指定居宅サービス等の事業の人員、設備及び運営に関する基準の苦情処理（第36条）

（苦情処理）
第三十六条　指定訪問介護事業者は、提供した指定訪問介護に係る利用者及びその家族からの苦情に迅速かつ適切に対応するために、苦情を受け付けるための窓口を設置する等の必要な措置を講じなければならない。

2　指定訪問介護事業者は、前項の苦情を受け付けた場合には、当該苦情の内容等を記録しなければならない。

3　指定訪問介護事業者は、提供した指定訪問介護に関し、法第二十三条の規定により市町村が行う文書その他の物件の提出若しくは提示の求め又は当該市町村の職員からの質問若しくは照会に応じ、及び利用者からの苦情に関して市町村が行う調査に協力するとともに、市町村から指導又は助言を受けた場合においては、当該指導又は助言に従って必要な改善を行わなければならない。

4　指定訪問介護事業者は、市町村からの求めがあった場合には、前項の改善の内容を市町村に報告しなければならない。

5　指定訪問介護事業者は、提供した指定訪問介護に係る利用者からの苦情に関して国民健康保険団体連合会（国民健康保険法（昭和三十三年法律第百九十二号）第四十五条第五項に規定する国民健康保険団体連合会をいう。以下同じ。）が行う法第百七十六条第一項第三号の調査に協力するとともに、国民健康保険団体連合会から同号の指導又は助言を受けた場合においては、当該指導又は助言に従って必要な改善を行わなければならない。

6　指定訪問介護事業者は、国民健康保険団体連合会からの求めがあった場合には、前項の改善の内容を国民健康保険団体連合会に報告しなければならない。

04 最新の運営指導マニュアルを確認する

2024年7月に運営指導マニュアルが改訂された

実地指導から運営指導への転換

　日本でも2020年1月から新型コロナ感染症の急拡大により、経済・社会への打撃は元より、医療・介護現場も危機的な状況に陥りました。

　それまで実地指導担当者が現地に赴いて行う指導は、実質的に不可能な状態となり、電話による指導や書面確認による指導を細々と実施していた保険者や都道府県もありましたが、実施件数は激減しました。

　そこで、事業所を訪問しない**オンラインによる実地指導**が徐々に定着していきました。2023年に新型コロナ感染症が「5類感染症」に移行してからは、訪問による指導とオンライン指導が併用されるようになりました。

　2022（令和4）3月に、厚生労働省により「**介護保険施設等運営指導マニュアル**」が策定され、都道府県、市区町村等に通知されました。これにより、「実地指導」という名称を廃して、「運営指導」に改めたわけです。

　同時に、事業所が運営基準に沿って運営されているかの確認を主眼とする狙いもあったようです。同年12月にも、別添2「各種加算等自己点検シート」と別添3「各種加算・減算適用要件等一覧」が改正されました。

介護保険2024年度改正を踏まえ運営指導マニュアルが一部改訂

　2024年7月に同マニュアルが再び一部改訂され、「**確認項目及び確認文書**」の改訂があり、内容も一新されました。これまでの確認項目と確認文書と大きく違う点は、確認の視点、確認箇所がより深まったことです。また運営指導担当者にとって、よりわかりやすくなった点も見逃せません。これは、標準化と効率化をさらに促進する狙いがあるからでしょう。

05 運営基準通りの実務対応ができていれば
心配はいらない

従来の運営指導直前対策が通用しない理由

　これまでの運営指導対策とは、どういうものだったのか、某介護事業所の例をご紹介します。

通知が来てから慌てて現状把握と準備へ

　数年ほど前に筆者の携帯電話に、某介護事業所の経営者兼管理者Tさんから、「昨日、運営指導の通知があり、1か月後に実施されることになりました。何をどう準備してよいかわからないので指導してください。」という旨の依頼がありました。

　数日後、某介護事業所に出向いて管理者Tさんと面談し、訪問介護事業の運営状況を詳細に確認しました。話を聞いていて、気がかりな点がいくつかありました。

　1つは、毎月事務員が作成している介護報酬の請求書類を、管理者であるTさんが最終的に確認していないことでした。「事務員を信頼して、すべて任せています。」という説明を聞いて唖然とした筆者は、すぐさま「過去1年分の介護報酬請求書類の確認をしたところ、何件か不備を疑う請求書が見つかり、サービス提供記録書と突き合わせることにしました。

　ところが、ここで2つ目の問題を発見しました。

　サービス提供記録書に、そのサービスを担当したヘルパー（訪問介護員）の氏名を記入する欄があり、その横にサービス提供責任者が記録書を確認したことを示す確認印の欄がありますが、ここに押印漏れが複数ありました。

　筆者が訪問した翌日から、利用者70名分のサービス提供記録書と訪問介護計画書を突き合わせ、個々の利用者の介護報酬請求明細書とヘルパー（訪

問介護員）の出勤簿（タイムカードなど）を全て突き合わせる作業が始まりました。

運営指導対策というよりは、**本来日常的に行っていなければならない業務ができていなかったことによる運営指導直前の追い込み業務**になったわけです。

運営基準通りの運営ができていれば直前対策はいらない

数年前には某通所介護事業所の管理者から同様の依頼の連絡がありましたが、筆者は「私は実地指導対策のお手伝いのようなことはやっていませんので、お断りいたします。」と申し上げました。その理由は、管理者自身が通所介護事業の運営基準を理解していないことがわかったからです。

運営基準を十分に理解していない管理者が運営指導の実施通知を受け取ると、必ず運営指導対策が必要だと考えるようです。同じように介護報酬の加算を取得していながら、加算の要件を十分に理解していなかったりする場合は、直前になって不安になり調べ始めたりします。その結果、運営指導を受けるには、そのための対策が必要だと思い込んで慌ただしく動き出すようです。

しかし、介護保険施設等運営指導マニュアル改訂（令和6年7月）により、今後は**日々の業務が運営基準に沿って運営されているか否かも確認され、できていなければ指導を受け、改善を求められるという文字通りの運営指導に変わっていく**と考えられます。

これまで以上に運営基準の理解を深め、事業所全体で共有する仕組みが必要になります。

第4章

訪問介護の
確認項目と
確認文書

01 各サービスの確認項目と確認文書をざっと理解する

訪問介護の確認項目と確認文書をチェックする

各サービスの確認項目と確認文書

　前述のように、2022年3月に厚生労働省により策定され、2024年7月に改訂された「介護保険施設等運営指導マニュアル」の別添には、サービス種別ごとに**「確認項目及び確認文書」**が示されています。その「はじめに」には、以下のような文言があります。

> （中略）「確認文書」として複数例示されているものについて、その1つを確認することによって目的が達成される場合は、複数確認すること（介護保険施設等側に複数の文書を求めること）は要しないと考えられます。また、「確認文書」として例示しているものの、運営基準には明記されていないものについて、それらの提出もしくは提出がなくても、基準違反にはならないことに留意が必要です。

　以下、「訪問介護」から、確認項目と確認文書を見ていきましょう。

個別サービスの質に関する事項

確認項目		確認文書	頁
内容及び手続の説明及び同意（第8条）	○利用申込者又はその家族へ説明を行い、同意を得ているか ○重要事項説明書の内容に不備等はないか	◆重要事項説明書（利用申込者又は家族の同意があったことがわかるもの） ◆利用契約書	79
心身の状況等の把握（第13条）	○サービス担当者会議等に参加し、利用者の心身の状況把握に努めているか	◆サービス担当者会議の記録	81
居宅介護支援事業者等との連携（第14条）	○サービス担当者会議等を通じて介護支援専門員や他サービスとの密接な連携に努めているか	◆サービス担当者会議の記録	82
居宅サービス計画に沿ったサービスの提供（第16条）	○居宅サービス計画に沿ったサービスが提供されているか	◆居宅サービス計画 ◆訪問介護計画（利用者又は家族の同意があったことがわかるもの）	84
サービスの提供の記録（第19条）	○居宅サービス計画等にサービス提供日及び内容、介護保険法第41条第6項の規定により利用者に代わって支払いを受ける費用の額等が記載されているか	◆居宅サービス計画 ◆サービス提供記録	85

		○サービス提供記録に提供した具体的サービス内容等が記録されているか		
指定訪問介護の具体的取扱方針 (第23条)	○生命又は身体を保護するため、緊急やむを得ない場合を除き、身体的拘束等(身体拘束その他利用者の行動を制限する行為を含む)を行っていないか ○身体的拘束等を行う場合に要件(切迫性、非代替性、一時性)を全て満たしているか ○身体的拘束等を行う場合、その態様及び時間、その際の利用者の心身の状況並びに緊急やむを得ない理由を記録しているか	◆身体的拘束等の記録(身体的拘束等がある場合)		86
訪問介護計画の作成 (第24条)	○利用者の日常生活全般の状況及び希望を踏まえているか ○サービスの目標、当該目標を達成するための具体的サービスの内容等を記載しているか ○居宅サービス計画に基づいて訪問介護計画が立てられているか ○利用者又はその家族への説明・同意・交付は行われているか ○計画作成後、当該計画の実施状況の把握を行い、必要に応じて当該計画の変更を行っているか	◆居宅サービス計画 ◆訪問介護計画(利用者又は家族の同意があったことがわかるもの) ◆アセスメントの結果がわかるもの ◆モニタリングの結果がわかるもの		87

個別サービスの質を確保するための体制に関する事項

確認項目		確認文書	頁
訪問介護員等の員数 (第5条)	○利用者に対し、訪問介護員等の員数は適切であるか ○必要な資格は有しているか	◆従業者の勤務体制及び勤務実績がわかるもの(例:勤務体制一覧表、勤務実績表) ◆従業者の勤怠状況がわかるもの(例:タイムカード、勤怠管理システム) ◆資格要件に合致していることがわかるもの(例:資格証の写し)	92
管理者 (第6条)	○管理者は常勤専従か、他の職務を兼務している場合、兼務体制は適切か	◆管理者の雇用形態がわかるもの ◆管理者の勤務体制及び勤務実績がわかるもの(例:勤務体制一覧表、勤務実績表) ◆管理者の勤怠状況がわかるもの(例:タイムカード、勤怠管理システム)	97
受給資格等の確認 (第11条)	○被保険者資格、要介護認定の有無、要介護認定の有効期限を確認しているか	◆介護保険番号、有効期限等を確認している記録等	99
利用料等の受領 (第20条)	○利用者からの費用徴収は適切に行われているか ○領収書を発行しているか	◆請求書 ◆領収書	101
緊急時等の対応 (第27条)	○緊急事態が発生した場合、速やかに主治の医師に連絡しているか	◆運営規程 ◆サービス提供記録	103
運営規程 (第29条)	○運営における以下の重要事項について定めているか 　1.事業の目的及び運営の方針 　2.従業者の職種、員数及び職務の内容 　3.営業日及び営業時間 　4.指定訪問介護の内容及び利用料その他の費用の額 　5.通常の事業の実施地域 　6.緊急時等における対応方法	◆運営規程	105

		7. 虐待の防止のための措置に関する事項 8. その他運営に関する重要事項		
勤務体制の確保等 (第30条)	○サービス提供は事業所の訪問介護員等によって行われているか ○資質向上のために研修の機会を確保しているか ○性的言動、優越的な関係を背景とした言動による就業環境が害されることの防止に向けた方針の明確化等の措置を講じているか	◆従業者の勤務体制及び勤務実績がわかるもの（例：勤務体制一覧表、勤務実績表） ◆雇用の形態（常勤・非常勤）がわかるもの ◆研修の計画及び実績がわかるもの ◆職場におけるハラスメントによる就業環境悪化防止のための方針		108
業務継続計画の策定等 (第30条の2)	○感染症、非常災害発生時のサービスの継続実施及び早期の業務再開の計画（業務継続計画）の策定及び必要な措置を講じているか ○訪問介護員等に対する計画の周知、研修及び訓練を定期的に実施しているか ○定期的に計画の見直しを行い必要に応じて計画の変更を行っているか	◆業務継続計画 ◆研修の計画及び実績がわかるもの ◆訓練の計画及び実績がわかるもの		110
衛生管理等 (第31条)	○感染症の発生又はまん延しないよう次の措置を講じているか ・感染症の予防及びまん延の防止のための対策を検討する委員会開催（おおむね6月に1回以上）、その結果の周知 ・感染症の予防及びまん延の防止のための指針の整備 ・感染症の予防及びまん延防止のための研修及び訓練の定期実施	◆感染症の予防及びまん延の防止のための対策を検討する委員会の開催状況・結果がわかるもの ◆感染症の予防及びまん延の防止のための指針 ◆感染症の予防及びまん延の防止のための研修及び訓練の実施状況・結果がわかるもの		112
秘密保持等 (第33条)	○個人情報の利用に当たり、利用者（利用者の情報）及び家族（利用者家族の情報）から同意を得ているか ○退職者を含む、従業者が利用者の秘密を保持することを誓約しているか	◆個人情報の利用に関する同意書 ◆従業者の秘密保持誓約書		114
広告 (第34条)	○広告は虚偽又は誇大となっていないか	◆パンフレット／チラシ ◆web広告		115
苦情処理 (第36条)	○苦情受付の窓口を設置するなど、必要な措置を講じているか ○苦情を受け付けた場合、内容等を記録し、保存しているか	◆苦情の受付簿 ◆苦情への対応記録		116
事故発生時の対応 (第37条)	○市町村、利用者家族、居宅介護支援事業者等に連絡しているか ○事故状況、事故に際して採った処置が記録されているか ○損害賠償すべき事故が発生した場合に、速やかに賠償を行っているか	◆市町村、利用者家族、居宅介護支援事業者等への連絡状況がわかるもの ◆事故に際して採った処置の記録 ◆損害賠償の実施状況がわかるもの		119
虐待の防止 (第37条の2)	○虐待の発生又はその再発を防止するため次の措置を講じているか ・虐待の防止のための対策を検討する委員会の定期開催及びその結果の訪問介護員等への周知 ・虐待の防止のための指針の整備 ・虐待の防止のための研修の定期実施 ○上記の措置を適切に実施するための担当者を置いているか	◆虐待の防止のための対策を検討する委員会の開催状況及び結果がわかるもの ◆虐待の防止のための指針 ◆虐待の防止のための研修の計画及び実績がわかるもの ◆担当者を置いていることがわかるもの		121

注）確認項目の条項は「指定居宅サービス等の事業の人員、設備及び運営に関する基準（平成11年厚生省令第37号）」から抽出・設定したもの

02
指定居宅サービス等の事業の人員、設備及び運営に関する基準
第8条・13条・14条・16条

個別サービスの質に関する事項①

運営指導で確認される「**確認項目及び確認文書**」には、以下の2つの事項があります。

まず「**個別サービスの質に関する事項**」で、「指定居宅サービス等の事業の人員、設備及び運営に関する基準」（以下「運営基準」という）の関連条文が7、具体的な確認項目が計15項目、確認文書は計13点あります。

もう1つは、「**個別サービスの質を確保するための体制に関する事項**」で、運営基準の関連条文が14、具体的な確認項目が計25項目、確認文書は計35点あります。

1. 内容及び手続の説明及び同意（第8条）

確認項目の左欄に「内容及び手続の説明及び同意（第8条）」とあり、ここに「第8条」と記載があるのはなぜでしょうか。運営指導は運営基準に沿って確認するもので、指導する側の行政職員も指導を受ける事業所・施設の管理者、施設長も十分にこれを理解していることが前提です。

したがって、管理者は確認項目に該当する条文だけでも事前に目を通しておきましょう。さらに管理者はこれまで以上に日頃から運営基準を読むことを習慣化し、理解を深めましょう。そうすることで、運営指導直前に「対策」と称した無駄な時間を費やす必要がなくなります。

確認項目は2項目、確認文書は2点です（76ページ参照）。

【確認項目】利用申込者又はその家族へ説明を行い、同意を得ているか

従来の旧・実地指導でも提示を求められ、確認していますが、運営指導担当者の見るポイントが変わる可能性があります。

日付や署名を見るだけでなく、説明と同意の手続きの成否を確認し判断するのではないかと考えられます。説明にはどのくらい時間がかかったか、利用者や家族から何か質問や不明な点を聞かれていないか、そうしたやり取りを記録に残しておくと万一の時に安心です。

　確認文書の欄には、「重要事項説明書（利用申込者又は家族の同意があったことがわかるもの）」、「利用契約書」とあり、この２点を確認する際に、両者の整合性を精査する可能性があります。事業所によっては、ネットで簡単にこれらのひな形やサンプル（見本）を取り込んで、自事業所の文書を作成している例がありますが、今一度、内容を見直しておきましょう。

　保険者からの注意事項として、「利用申込者及びサービス事業者双方を保護する観点から、サービス提供開始前に『契約書』等の書面を交わして、契約内容の確認を得てください。」とあるので、厳守しましょう。

　利用申込者の同意については、これまで署名、捺印が原則でしたが、押印廃止により署名だけで可となりました。しかし、要介護高齢者の多くは、押印不要が理解できていない場合もあります。利用申込者や家族が押印したいという意向がある場合には、これを尊重しましょう。

　なお、重要事項説明書の署名欄は以下の内容を参考にします。

重要事項について文書を交付し、説明しました。

　　　　　　　　　　　　　　　　　　　令和○年○月○日
　　　　　　　　　　　　　　　　　管理者　山　田　太　郎

私は重要事項について交付、説明を受け、同意しました。

　　　　　　　　　　　　　　　　　　　令和○年○月○日
　　　　　　　　　　　　　　　　　　　鈴　木　花　子

【確認項目】重要事項説明書の内容に不備等はないか

　これまで重要事項説明書の内容について、踏み込んだ確認をしてこなかった運営指導担当者も多かったのではないでしょうか。これからは利用契約書より重要事項説明書の内容を重点的に確認するという認識が進んでい

ますので、その内容を十分に見直しておきましょう。

　見直しの前に該当する運営基準の内容をよく理解しておく必要があります。第8条第1・2項のみ掲載しますが、必ず全文を確認してください。

　特に第2項では、下線の部分のように、メール等で重要事項説明書をファイルに納めて利用申込者や家族に提供することも可能になりました。

（内容及び手続の説明及び同意）

第八条　指定訪問介護事業者は、指定訪問介護の提供の開始に際し、あらかじめ、利用申込者又はその家族に対し、第二十九条に規定する運営規程の概要、訪問介護員等の勤務の体制その他の利用申込者のサービスの選択に資すると認められる重要事項を記した文書を交付して説明を行い、当該提供の開始について利用申込者の同意を得なければならない。

2　指定訪問介護事業者は、利用申込者又はその家族からの申出があった場合には、前項の規定による文書の交付に代えて、第五項で定めるところにより、当該利用申込者又はその家族の承諾を得て、当該文書に記すべき重要事項を電子情報処理組織を使用する方法その他の情報通信の技術を利用する方法であって次に掲げるもの（以下この条において「電磁的方法」という。）により提供することができる。この場合において、当該指定訪問介護事業者は、当該文書を交付したものとみなす。（以下　略）

---

2. 心身の状況等の把握（第13条）

　確認項目は1項目、確認文書は1点です（76ページ参照）。

【確認項目】サービス担当者会議等に参加し、利用者の心身の状況把握に努めているか

　運営基準13条に同じ記載があります。運営指導担当者は、介護支援専門員が開催するサービス担当者会議に、サービス提供責任者または管理者が出席したことや利用者の心身状況を把握していることを記録で確認します。

　一般的には、介護支援専門員が会議後に「**サービス担当者会議の要点**」を作成し、出席者に配布しますので、記録としてこれを確認することが多いようです。しかし、この記録に利用者の心身の状況に関する記載がない場合も考えられます。訪問介護事業所としては、サービス担当者会議に出

席した際に独自に議事録を作成し、利用者の心身の状況についても記載しておくとよいでしょう。

確認文書の欄には、「サービス担当者会議の記録」とあるので（76ページ参照）、介護支援専門員が作成した「サービス担当書会議の要点」または訪問介護事業所独自に作成した議事録を確認することになります。

（心身の状況等の把握）
第十三条　指定訪問介護事業者は、指定訪問介護の提供に当たっては、利用者に係る居宅介護支援事業者が開催するサービス担当者会議（指定居宅介護支援等の事業の人員及び運営に関する基準（平成十一年厚生省令第三十八号。以下「指定居宅介護支援等基準」という。）第十三条第九号に規定するサービス担当者会議をいう。以下同じ。）等を通じて、利用者の心身の状況、その置かれている環境、他の保健医療サービス又は福祉サービスの利用状況等の把握に努めなければならない。

---

3. 居宅介護支援事業者等との連携（第14条）

確認項目は1項目、確認文書は1点です（76ページ参照）。

ケアプランに位置付けられた各種サービスの提供者である多職種との連携の状況を確認するものです。

【確認項目】サービス担当者会議等を通じて介護支援専門員や他サービスとの密接な連携に努めているか

確認文書には、「サービス担当者会議の記録」とあります。前項目と同様に介護支援専門員が後日配布する「サービス担当者会議の要点」などにより管理者またはサービス提供責任者の出席を確認し、「連携」と判断していると思われます。

しかし、運営指導担当者が記録内容を念入りに確認することも想定し、運営基準第14条を見てみましょう。

> **（居宅介護支援事業者等との連携）**
> **第十四条** 指定訪問介護事業者は、指定訪問介護を提供するに当たっては、居宅介護支援事業者その他保健医療サービス又は福祉サービスを提供する者（以下「居宅介護支援事業者等」という。）との密接な連携に努めなければならない。
> **2** 指定訪問介護事業者は、指定訪問介護の提供の終了に際しては、利用者又はその家族に対して適切な指導を行うとともに、当該利用者に係る居宅介護支援事業者に対する情報の提供及び保健医療サービス又は福祉サービスを提供する者との密接な連携に努めなければならない。

　第1項の3行目の、居宅介護支援事業者やその他のサービス事業者との**「密接な連携」**という表現が気になります。サービス担当者会議の要点だけでは、単に会議に出席しているだけで、下線部分の「その他のサービス事業者」との密接な連携が認められないこともあります。やはり独自の議事録があった方がよいでしょう。

　仮に「密接な連携」の状況を確認するのであれば、これまでの記録の記載方法を見直し、いつ、どの事業者とどのように連携しているのか（連携していたのか）を具体的に記録しておくとよいでしょう。

サービス担当者会議の要点

第4表			サービス担当者会議の要点			作成年月日　　年　　月　　日		

利用者名　　　　　　　　殿　　　　　　　居宅サービス計画作成者（担当者）氏名

開催日　　年　月　日　開催場所　　　　　　開催時間　　　　　　　開催回数

会議出席者	所属(職種)	氏名	所属(職種)	氏名	所属(職種)	氏名
利用者・家族の出席 本人：【　】 家族：【　】 （続柄：　　）						
※備考						
検討した項目						
検討内容						
結論						
残された課題 （次回の開催時期）						

配布された「サービス担当者会議の要点」に記載されている内容を確認しましょう。

4. 居宅サービス計画に沿ったサービスの提供（第16条）

確認項目は１項目、確認文書は２点です（76ページ参照）。

【確認項目】居宅サービス計画に沿ったサービスが提供されているか

確認文書は、「居宅サービス計画」と「訪問介護計画（利用者又は家族の同意があったことがわかるもの）」です。

運営指導担当者は、数件のケアプランと訪問介護計画書をいっしょに確認します。後述の「訪問介護計画の作成（第24条）」と関連し、訪問介護計画書との整合性などが運営指導の確認ポイントとなります。

運営基準の第16条を確認しておきましょう。

（居宅サービス計画に沿ったサービスの提供）
第十六条　指定訪問介護事業者は、居宅サービス計画（施行規則第六十四条第一号ハ及びニに規定する計画を含む。以下同じ。）が作成されている場合は、当該計画に沿った指定訪問介護を提供しなければならない。

日常業務で注意しなければならないことは、**ケアプランの作成日や「新規」または「継続」の識別が明確であること**です。ケアプラン作成日が、訪問介護の利用契約書の締結日より後になっていないか、ケアプラン第１表の右上にある「新規」、「継続」のどちらかにチェックがあるか、など注意して確認しましょう。

03 指定居宅サービス等の事業の人員、設備及び運営に関する基準
第19条・23条・24条

個別サービスの質に関する事項②

1. サービスの提供の記録（第19条）

　確認項目は２項目、確認文書は、「居宅サービス計画」と「サービス提供記録」の２点です（76ページ参照）。

　確認文書は、これまで以上にサービス提供記録の記載内容を詳細に見る可能性が高いと考えられ、その理由は確認項目を読むとよくわかります。

【確認項目】居宅サービス計画等にサービス提供日及び内容、介護保険法第41条第6項の規定により利用者に代わって支払いを受ける費用の額等が記載されているか

　サービス提供日及び内容は、ケアプランの第２表（居宅サービス計画書（２））に、サービス内容の頻度や期間などが具体的に記載されていることを事前に確認しておきましょう。費用の額等は、ケアプランの第７表（サービス利用票別表）に記載されていることを確認します。

【確認項目】サービス提供記録に提供した具体的サービス内容等が記録されているか

　訪問介護計画の目標とは、ケアプランの短期目標等を踏まえて設定し、その目標を達成するための具体的なサービスの内容が記載されている点を確認します。

　例えば、「６か月後に自力でトイレに行く」という目標であれば、訪問介護のサービスは排泄介助やトイレまでの歩行介助とその見守りなどが考えられます。老計第10号などを参考に具体的に記載しましょう。

（サービスの提供の記録）

第十九条　指定訪問介護事業者は、指定訪問介護を提供した際には、当該指定訪問介護の提供日及び内容、当該指定訪問介護について法第四十一条第六項の規定により利用者に代わって支払を受ける居宅介護サービス費の額その他必要な事項を、利用者の居宅サービス計画を記載した書面又はこれに準ずる書面に記載しなければならない。

2　指定訪問介護事業者は、指定訪問介護を提供した際には、提供した具体的なサービスの内容等を記録するとともに、利用者からの申出があった場合には、文書の交付その他適切な方法により、その情報を利用者に対して提供しなければならない。

2. 指定訪問介護の具体的取扱方針（第23条）

　2024（令和6）年7月改訂の「介護保険施設等運営指導マニュアル」に追加された重要な項目です。確認項目は3項目、確認文書は「身体的拘束等の記録（身体的拘束等がある場合）」の1点です（77ページ参照）。

【確認項目】生命又は身体を保護するため、緊急やむを得ない場合を除き、身体的拘束等（身体拘束その他利用者の行動を制限する行為を含む）を行っていないか

　利用者に対して身体的拘束等を行っていない場合には、特段の問題はありません。

　ただし、サービス付き高齢者向け住宅等において、訪問介護サービスを提供している事業所については、詳細に確認することも想定されるので注意が必要です。

【確認項目】身体的拘束等を行う場合に要件（切迫性、非代替性、一時性）を全て満たしているか

　仮に身体的拘束等を行う場合の要件については、上記3要件を満たしているかどうかを確認します。新たに一部改正された運営基準第23条第1項第3・4号に従って、記録類を確認します。

　少なくともこの3要件について、職員は研修や事例検討会等により、十分に理解しておく必要があります。

【確認項目】身体的拘束等を行う場合、その態様及び時間、その際の利用者の心身の状況並びに緊急やむを得ない理由を記録しているか

　身体的拘束等を行う場合として、①身体的拘束等を行う前の利用者の態様、②身体的拘束等を行う時間、③身体的拘束等を行った際の利用者の心身の状況、④身体的拘束等を行わなければならない緊急やむを得ない理由、を記録しておかなければなりません。

　今後、独居の利用者が増加する傾向があり、訪問介護員等に対する研修を実施し身体的拘束等に関する理解を深めましょう。

　なお、研修等の際には、必ず次の第３・４号の内容を確認しましょう。

（指定訪問介護の具体的取扱方針）

第二十三条　訪問介護員等の行う指定訪問介護の方針は、次に掲げるところによるものとする。

一　指定訪問介護の提供に当たっては、次条第一項に規定する訪問介護計画に基づき、利用者が日常生活を営むのに必要な援助を行う。

二　指定訪問介護の提供に当たっては、懇切丁寧に行うことを旨とし、利用者又はその家族に対し、サービスの提供方法等について、理解しやすいように説明を行う。

三　指定訪問介護の提供に当たっては、当該利用者又は他の利用者等の生命又は身体を保護するため緊急やむを得ない場合を除き、身体的拘束その他利用者の行動を制限する行為（以下「身体的拘束等」という。）を行ってはならない。

四　前号の身体的拘束等を行う場合には、その態様及び時間、その際の利用者の心身の状況並びに緊急やむを得ない理由を記録しなければならない。

五　指定訪問介護の提供に当たっては、介護技術の進歩に対応し、適切な介護技術をもってサービスの提供を行う。

六　常に利用者の心身の状況、その置かれている環境等の的確な把握に努め、利用者又はその家族に対し、適切な相談及び助言を行う。

---

3. 訪問介護計画の作成（第24条）

　確認項目は５項目、確認文書は４点です（77ページ参照）。

【確認項目】利用者の日常生活全般の状況及び希望を踏まえているか

　アセスメントシートに記載されている利用者情報が、訪問介護計画書にどう反映されているかを確認するものと考えられます。

確認文書として、「アセスメントの結果がわかるもの」とあるので、「アセスメントシート（アセスメント記録）」を確認します。ここでは、ケアプランの内容を十分理解した上で利用者宅を訪問し、利用者情報を収集してアセスメントシートに記載されていることが重要です。

【確認項目】サービスの目標、当該目標を達成するための具体的サービスの内容等を記載しているか

これまでの運営指導では、チェックが不十分なケースもありました。計画に記載されたサービスが目標を達成する根拠として、サービス名だけでなく、**サービスの具体的な内容の記載**を求めています。

確認文書は、「訪問介護計画（利用者又は家族の同意があったことがわかるもの）」です。「安心して安全な生活が送れるようになる」といった介護目標ではなく、より具体的に記載しましょう。

よりわかりやすい目標を設定するには、「目標を定量化すること」です。

例えば、「6か月後に自力でトイレに行けるようになる」という介護目標であれば、今現在は訪問介護員の歩行介助や見守り的援助によりトイレに移動しているが、6か月後に自力で移動できるようになるためにはどうするか、それによって目標の達成状況を具体的に記録することができます。当然、記録したのは誰か、記録したのはいつかが明記されていなければなりません。

【確認項目】居宅サービス計画に基づいて訪問介護計画が立てられているか

これは84ページの「居宅サービス計画に沿ったサービスの提供（第16条）」でも触れたように、ケアプランとの整合性が重要です。運営指導担当者は、確認文書にある「居宅サービス計画」と「訪問介護計画（利用者又は家族の同意があったことがわかるもの）」の記載内容を確認します。

単に短期目標と長期目標がケアプランと同じ文言であるだけでなく、ケアプランの第2表にある「生活全般の解決すべき（ニーズ）」を踏まえた訪問介護計画を立てましょう。

【確認項目】利用者又はその家族への説明・同意・交付は行われているか

確認文書として、「訪問介護計画（利用者又は家族の同意があったことがわかるもの）」とあります。これは計画書にある同意の署名欄に利用者の署名があることが基本です。

利用者やその家族に対し、訪問介護計画書の内容について、わかりやすく説明し同意を得て、その一通を交付していることを確認されます。

訪問介護計画書に、利用者の署名があることはもとより、ここでは日付も重要です。また署名の前には、「私（利用者やその家族）は、訪問介護計画及びサービス利用料金について説明を受け、これに同意し計画書の交付を受けました。」という主旨の一文があるとよいでしょう。

同時に、説明した担当者である管理者やサービス提供責任者等の署名の欄があり、説明者を明確にしておきます。この場合にも、「私（管理者又はサービス提供責任者等）が、上記の訪問介護計画及びサービス利用料金についてご説明しました。」という主旨の一文が加わります。

なお、利用者やその家族に対し、訪問介護計画書の内容を説明した際に、何らかの質問や不明点を問われた場合には、必ずその内容を記録しておきましょう。

【確認項目】計画作成後、当該計画の実施状況の把握を行い、必要に応じて当該計画の変更を行っているか

「当該計画の実施状況の把握」とは、確認文書にある「モニタリングの結果がわかるもの」で確認します。

サービス提供責任者がサービス提供記録の内容を確認したり、訪問介護員から直接報告を受けたりして、利用者宅を訪問して利用者の状況を把握し、上記のモニタリング記録に記録します。

また、「必要に応じて」とは、目標の達成状況を検証し確認することによって計画そのものを評価し、計画を変更することです。簡単に言えば、「その訪問介護計画は利用者にとって効果的であったか否か」を評価し、必要

があれば、新たな計画を作成します。計画を変更する場合には、再アセスメントを行いましょう。

第2章で説明した介護サービス情報の公表制度の調査票（運営情報）では、明確にこの項目があり、サービスの質の観点から重要な項目です。

その確認事項に、下記のように「38 当該サービスに係る計画の評価を行っている。」とあります。確認のための材料では、「当該サービスに係る計画の評価を記入している記録がある。」かが問われます。

なお、運営基準の第24条については、訪問介護員を含めた事業所全体で理解を深めるよう努めましょう。

中項目	小項目	確認事項	確認のための材料
4 介護サービスの内容の評価、改善等のために講じている措置	15 介護サービスの提供状況の把握のための取組の状況	38 当該サービスに係る計画の評価を行っている。	47 当該サービスに係る計画の評価を記入している記録がある。
	16 介護サービスに係る計画等の見直しの実施の状況	39 当該サービスに係る計画の見直しについて3か月に1回以上、検討している。	48 3か月に1回以上の当該サービスに係る計画の見直しを議題とする会議の記録がある。
		40 当該サービスに係る計画の見直しの結果、居宅サービス計画の変更が必要と判断した場合、介護支援専門員に提案している。	49 居宅サービス計画の変更について、介護支援専門員に提案した記録がある。

出典：厚生労働省HPより抜粋

（訪問介護計画の作成）

第二十四条　サービス提供責任者（第五条第二項に規定するサービス提供責任者をいう。以下この条及び第二十八条において同じ。）は、利用者の日常生活全般の状況及び希望を踏まえて、指定訪問介護の目標、当該目標を達成するための具体的なサービスの内容等を記載した訪問介護計画を作成しなければならない。

2　訪問介護計画は、既に居宅サービス計画が作成されている場合は、当該計画の内容に沿って作成しなければならない。

3　サービス提供責任者は、訪問介護計画の作成に当たっては、その内容について利用者又はその家族に対して説明し、利用者の同意を得なければならない。

4　サービス提供責任者は、訪問介護計画を作成した際には、当該訪問介護計画を利用者に交付しなければならない。

5　サービス提供責任者は、訪問介護計画の作成後、当該訪問介護計画の実施状況の把握を行い、必要に応じて当該訪問介護計画の変更を行うものとする。

6　第一項から第四項までの規定は、前項に規定する訪問介護計画の変更について準用する。

04 指定居宅サービス等の事業の人員、設備及び運営に関する基準 第5条・6条・11条・20条・27条

個別サービスの質を確保するための体制に関する事項①

　前述のように、従来の分類から「個別サービスの質を確保するための体制に関する事項」というまとめ方に変わりました。自治体の運営指導担当者が事業所運営の状況をつぶさに確認できるよう、項目を整理したと考えられます。全体で、確認項目は計25項目、確認文書は計35点となります（77ページ参照）。

1. 訪問介護員等の員数（第5条）

　確認項目は2項目、確認文書は3点です（77ページ参照）。

【確認項目】利用者に対し、訪問介護員等の員数は適切であるか

　利用者数に対し訪問介護員数が適切であるかは、必ずしも員数だけでは判断できません。

　運営指導担当者は確認文書として、「**従業者の勤務体制及び勤務実績がわかるもの（例：勤務体制一覧表、勤務実績表）**」や「**従業者の勤怠状況がわかるもの（例：タイムカード、勤怠管理システム）**」などを確認します。

　タイムカードや勤怠管理システムにより、ある訪問介護員がある日8時間勤務していることを確認します。その日の「勤務体制一覧表」と照合し、その訪問介護員がどの利用者にどのくらいの時間のサービスを提供しているかなどを確認するのではと考えられます。

　また、ここで言う「勤務体制一覧表」とは、「従業者の勤務の体制及び勤務形態一覧表」のことです。これには個々の訪問介護員、サービス提供責任者等の常勤、非常勤の識別ができるようになっています。

　なお、令和2年9月30日付（介護保険最新情報VOL.876）では、訪問介

護員の員数について、参考様式として提示しており、この文書の「第一」には、下記のように記されていました。

> 1　指定・許可にあたっての人員配置基準を満たすことを一覧で確認できるものとする。
> 2　人員数の算出にあたり必要な数値（例：常勤職員の勤務すべき時間数、利用者数・入所者数等）が含まれた一覧とする。

現在はこれが「**標準様式**」となっています（2024年4月）。

一覧表の中に（）付きの番号があります。左から、（1）4週、（2）予定、（3）事業所における常勤の従業者が勤務すべき時間数、（4）職種、（5）勤務形態、（6）資格、（7）氏名…とあり、表の左下に、（12）サービス提供責任者の配置基準（前3か月の利用者数）という欄があります。これまでの一覧表にはなかった項目が多数増えたことがわかります。

運営指導担当者は、一覧表に記入されている数値を確認し、**利用者に対し、職員数は適切であるか**を判断するものと考えられます。

　利用者数については、直近の「介護給付費請求書」の控え等を確認し、把握することもあるでしょう。保険請求の欄の区分にある「居宅・施設サービス…」の左横の欄が「件数」となっています。この欄の数字がその月の利用者数となりますので、運営指導担当者はここでも現状の利用者数を把握します。

　例えば、100人の利用者に対して、サービス提供責任者が３名以上、訪問介護員が30人から40人程度所属しているような場合は、常勤換算人数が極端に少なくない限り問題はないと言えます。

　また、サービス付き高齢者向け住宅等（以下、「サ高住等」という）に居住する利用者のみを対象に訪問介護を提供している事業所は、そのほとん

介護給付費請求書

出典：厚生労働省資料

どがサ高住等に併設しているか隣接していることが多く、一般的な訪問介護事業所の運営状況とは大きく異なります。

入居者数が40名で、全入居者がサービスを利用しているのであれば、サービス提供責任者1名、訪問介護員が10名程度でも十分対応可能でしょう。

それは訪問介護員が施設職員のような勤務形態となり、一般的な訪問介護事業所のように利用者宅から利用者宅への移動時間がない分、より多くの入居利用者を担当しサービス提供ができるからです。

サ高住等の併設にかかわらず、管理者とサービス提供責任者は、運営指導担当者が重視する「一覧表」の作成、記入方法を理解しておかなければなりません。

比較的間違いが多いのは、**（5）勤務形態**の欄です。「A常勤で専従」の該当者はほとんどいません。訪問介護だけを専門に提供している場合のみ「専従」ですが、訪問介護と訪問型サービス等の提供に関わっている人は「B常勤で兼務」や「D非常勤で兼務」となります。

さらに、「常勤」と「非常勤」の違いが理解されていない事例も多く、注意しましょう。雇用形態には関係なく、パートや契約社員などであっても1日8時間、週5日勤務している場合には、この一覧表においては常勤の扱いとなります。

原則として、管理者は「一覧表」を毎月必ず作成しなければならず、それは訪問介護員数と常勤換算後の人数を把握して利用者へのサービス提供に支障がないことを確認するためです。保険者によっては、この一覧表を次月の予定として月末に作成し、当月に変更があった場合には修正した一覧表を再度作成するよう指導しています。

注意すべきは、**作成年月日と作成者名を必ず明記する**ことです。管理者以外の事務職員等が作成する場合には、作成者名はその事務職員の氏名を明記し、管理者は「一覧表」を確認して、確認日を記載し確認印を押印するか、署名します。運営指導担当者がこのような一覧表を目にすれば、その事業所の運営管理状況が良好だと見るでしょう。

【確認項目】**必要な資格は有しているか**

確認文書は、「**資格要件に合致していることがわかるもの（例：資格証の写し）**」です。ほとんどの訪問介護事業所では、訪問介護員やサービス提供責任者の取得資格について、個々の資格取得証明証（書）や研修等の修了証などの複写（コピー）を保管しています。しかし、**個々の従業者の取得資格について、いつ、誰が確認したのかわからない事例**が多く見受けられます。訪問介護員やサービス提供責任者の採用時には、管理者が必ず資格取得証明証（書）や研修の修了証の現物（原本）を確認しなければなりません。その上でコピーを取って複写物を保管します。

下図を見ると、実務者研修修了証明書の写しの下の方に確認した年月日と確認した管理者の印があり、十分に管理されている状態と言えます。

訪問介護員等が新たな資格を取得した場合も同じように取り扱います。

出典：著者関係者提供

本人には、決してコピーではなく研修の修了証や資格取得証明証の原本を持参してもらい、管理者がそれらを直接確認することが求められます。その上で管理者が原本をコピーし、複写物を保管するというのが、基本的な管理方法です。

なお、ICT化を進めている場合は、複写物をデジタル化してデータで保管しましょう。

2. 管理者（第6条）

確認項目は１項目、確認文書の３点です（77ページ参照）。

【確認項目】管理者は常勤専従か、他の職務を兼務している場合、兼務体制は適切か

確認文書の１点目は、「管理者の雇用形態がわかるもの」です。

これには「労働条件通知書」や「労働契約書（雇用契約書）」などが考えられます。労働条件通知書には、被雇用者である管理者の職務ができる限り詳しく記載されていることが望ましく、職務内容や職位が変更される場合には新たに労働契約書を交わすか、職務や役職を記載した**辞令**を発令したり、**確認書や覚書等で双方が確認したりした記録**を残しておきます。

運営指導担当者は、労働条件通知書や労働契約書などで管理者が常勤かどうかや専従かどうかを確認できます。他の業務を兼務している場合には、兼務している職務が具体的にわかるようにしておきましょう。

次ページは、厚生労働省の「**モデル労働条件通知書**」です。

「就業の場所」「従事すべき業務の内容」の記載内容により、管理者が常勤か、専従かどうかが確認できます。ある保険者の運営指導関連部署担当者は必ずこの部分を確認するそうです。

2024年４月から「**労働条件明示のルール**」が変わりました。今一度、労働条件通知書の内容について必要に応じて見直し、現況と相違がある場合には修正しておきましょう。

第4章 訪問介護の確認項目と確認文書

モデル労働条件通知書

出典：厚生労働省資料

確認文書の2点目、「**管理者の勤務体制及び勤務実績がわかるもの（例：勤務体制一覧表、勤務実績表）**」により、他の業務との兼務の状況を確認します。

令和6年度の制度改正では、「管理者の責務及び兼務範囲の明確化」により、「……管理者が兼務できる事業所の範囲について、管理者がその責務を果たせる場合には、同一敷地内における他の事業所、施設等ではなくても差し支えない……」ということになりました。

同一敷地内以外の他の事業所、施設等で一定の業務に従事する管理者は兼務状況を明確にしておきましょう。注意すべき点は、「管理者がその責務を果たせる場合」という条件がありますので、運営基準にある管理者の責務が果たせている状態を想定しています。

管理者が兼務する事業所や施設等が離れた場所になると、移動に時間が

かかったり、管理業務が十分に行えなかったりすることが考えられます。

そこで、オンラインによる会議や打ち合わせ、帳票類や記録、マニュアルなどをデータ化し、誰でもいつでも閲覧できる仕組みや体制を整備しておきましょう。また、管理者と個々の従業者の一日の行動予定（誰がどこで何をしているか）が常に把握できる仕組みも必須となります。

3点目は、「**管理者の勤怠状況がわかるもの（例：タイムカード、勤怠管理システム）**」です。タイムカードで勤怠管理をしている場合には、指定された月のタイムカードを提示することになります。

タイムカードは基本的に打刻された時刻によって、勤務実績を確定しています。直行直帰が多い訪問介護事業の場合には、始業、終業の時刻を後で手書きすることもありますが、事務職員等が手書きされた時刻を確認し、その横に確認済みの署名か確認印を押印しておくと、十分に勤怠管理が行われている様子がわかります。

事業所運営の管理状況が、外部から見てもわかりやすい状態にしておくには、少々面倒な作業でも必要です。事業所全体でそうした理解を深めておきましょう。また、最近では**スマートフォンで出退勤を記録できる勤怠管理システム**を活用する事業所もあり、パソコンの画面上で確認できます。

管理者に限らずサービス提供責任者や訪問介護員にも、運営基準第6条を読む機会を設け、管理者業務に対する理解を促しましょう。

（管理者）
第六条 指定訪問介護事業者は、指定訪問介護事業所ごとに専らその職務に従事する常勤の管理者を置かなければならない。ただし、指定訪問介護事業所の管理上支障がない場合は、当該指定訪問介護事業所の他の職務に従事し、又は他の事業所、施設等の職務に従事することができるものとする。

---

3. 受給資格等の確認（第11条）

確認項目は1項目、確認文書は1点です（77ページ参照）。

【確認項目】被保険者資格、要介護認定の有無、要介護認定の有効期限を確認しているか

確認文書は、「**介護保険番号、有効期限等を確認している記録等**」です。

利用者が被保険者であることを確認している記録とは、事業所が被保険者証の写しを保管していることは当然ですが、アセスメントシート等に利用者の被保険者証の確認欄を設け、確認した年月日や確認した者の氏名を記入できるようにしておきましょう。

受給者資格等の正しい確認方法とは、管理者やサービス提供責任者が利用者から直接、被保険者証の提示を受け、この複写物（コピー）を保管することです。原本確認が原則ですから、決して担当の介護支援専門員等からコピーを受け取ることがないよう注意しましょう。

被保険者証の写しには、必ず確認した管理者等の署名と確認した日付を記載すれば、これで十分です。さらに、「介護保険番号、有効期限、確認済み」という一文が入っていれば、記録としても十分に管理していることがわかります。なお、ICT化を進めているならば、複写物をデジタル化してデータで保管しましょう。

被保険者証の写し

出典：著者関係者提供

第11条第１項では、被保険者証により①被保険者資格、②要介護認定の有無、③要介護認定の有効期間の３点を必ず確認するよう求めています。

重要なのは「その者の提示する被保険者証によって、」という点です。管理者やサービス提供責任者が、利用者が持つ被保険者証を直接確認するよう求めています。

（受給資格等の確認）
第十一条　指定訪問介護事業者は、指定訪問介護の提供を求められた場合は、その者の提示する被保険者証によって、被保険者資格、要介護認定の有無及び要介護認定の有効期間を確かめるものとする。
２　指定訪問介護事業者は、前項の被保険者証に、法第七十三条第二項に規定する認定審査会意見が記載されているときは、当該認定審査会意見に配慮して、指定訪問介護を提供するように努めなければならない。

第２項も重要です。被保険者証に「認定審査会意見」が記載されている場合には、これに配慮して訪問介護サービスの提供に努めなければなりません。認定審査会意見がある場合には、介護支援専門員から事前にその件について説明がありますが、その記載内容を必ず確認しましょう。

4. 利用料等の受領（第20条）

確認項目は２項目、確認文書は「請求書」、「領収書」の２点です（77ページ参照）。

【確認項目】利用者からの費用徴収は適切に行われているか

この「適切に行われているか」という点は、運営基準第20条（103ページ）を熟読して理解しておく必要があります。

運営指導担当者が請求書を確認する際に重視している１つは、「請求明細」です。サービス提供日やサービス内容及び単位数や費用額などが明記されていることを確認します。

また、介護保険外サービスを提供している場合の費用額が、介護保険サービスの費用額との間に著しい差額がないことも確認すると考えられます。

【確認項目】領収書を発行しているか

　ほとんどの訪問介護事業所では介護ソフト等が導入されており、当月請求書の下段に、前月に領収した費用額が記載された領収書が綴られている場合が多く見受けられます。これらが事業所の控えとして、保管されていることを確認します。

　以前は、運営指導において医療費控除の記載状況を確認していましたが、一部改正によりなくなりました。しかし確認を求められた場合を想定し、念のため準備しておきましょう。

　介護ソフトを使用する事業所では、医療的ケアと合わせて訪問介護（生活援助サービスを除く）を利用する利用者の医療費控除が自動計算されて記載されます。下の請求書例の最後の行に医療費控除額が記載されています。また、利用者が医療費控除の対象に該当するかどうかについては、国税庁HP（https://www.nta.go.jp/）を参考にしてください。

請求書の例

出典：株式会社日本コンピュータコンサルタント

（利用料等の受領）

第二十条　指定訪問介護事業者は、法定代理受領サービスに該当する指定訪問介護を提供した際には、その利用者から利用料の一部として、当該指定訪問介護に係る居宅介護サービス費用基準額から当該指定訪問介護事業者に支払われる居宅介護サービス費の額を控除して得た額の支払を受けるものとする。

2　指定訪問介護事業者は、法定代理受領サービスに該当しない指定訪問介護を提供した際にその利用者から支払を受ける利用料の額と、指定訪問介護に係る居宅介護サービス費用基準額との間に、不合理な差額が生じないようにしなければならない。

3　指定訪問介護事業者は、前二項の支払を受ける額のほか、利用者の選定により通常の事業の実施地域以外の地域の居宅において指定訪問介護を行う場合は、それに要した交通費の額の支払を利用者から受けることができる。

4　指定訪問介護事業者は、前項の費用の額に係るサービスの提供に当たっては、あらかじめ、利用者又はその家族に対し、当該サービスの内容及び費用について説明を行い、利用者の同意を得なければならない。

5. 緊急時等の対応（第27条）

確認項目は１項目、確認文書は「運営規程」と「サービス提供記録」の２点です（77ページ参照）。

【確認項目】緊急事態が発生した場合、速やかに主治の医師に連絡しているか

例えば、次の「運営規程（作成例）」の内容が記載されていることを運営指導担当者が確認します。実際に利用者の病状の急変やその他の緊急事態が発生したことがある場合には、「サービス提供記録」を確認します。

運営規程（作成例）

第９条（緊急時等における対応方法）

訪問介護員等は訪問介護等を実施中に、利用者の病状に急変、その他緊急事態が生じたときは速やかに主治医に連絡する等の措置を講ずるとともに、管理者に報告する。主治医への連絡が困難な場合は、緊急搬送等の必要な措置を講ずる。

2　事業所は、利用者に事故が発生した場合には、速やかに市町村、利用者の家族、利用者に係る居宅介護支援事業者等に連絡を行うとともに、必要な措置を講ずる。

3　利用者に対するサービスの提供により、賠償すべき事故が発生した場合には、損害賠償を速やかに行う。

（横浜市介護事業指導課　令和５年10月版　指定申請書類作成例より）

> （緊急時等の対応）
> 第二十七条　訪問介護員等は、現に指定訪問介護の提供を行っているときに利用者に病状の急変が生じた場合その他必要な場合は、速やかに主治の医師への連絡を行う等の必要な措置を講じなければならない。

　以前は、「緊急時対応マニュアル」の有無を確認していましたが、「介護保険施設等運営指導マニュアル」の改訂により、なくなりました。
　しかし、基本的には、作成し活用していることが「緊急事態が発生した場合、速やかに主治の医師に連絡しているか」の裏付けになります。
　なお、事業所内に、「**緊急時の連絡先一覧**」に電話番号を記載して電話機のそばに置いておくと、万一の時に慌てずに対応できます。また、これは「緊急時対応マニュアル」の一部であることを理解しておきましょう。

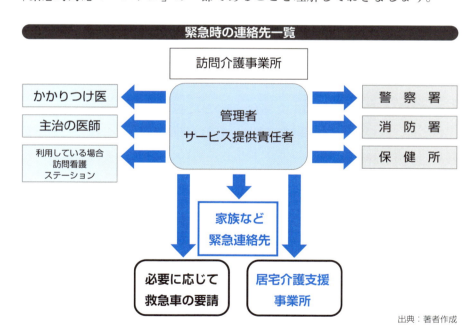

出典：著者作成

104

05 指定居宅サービス等の事業の人員、設備及び運営に関する基準 第29条・30条・30条の2・31条

個別サービスの質を確保するための体制に関する事項②

1. 運営規程（第29条）

　介護保険サービスを提供する全ての事業所では、運営規程を事業所内に掲示しなければなりません。筆者は12年間介護サービス情報の公表の主任調査員を務めていましたが、年間20～30か所の介護事業所、施設を訪問していました。

　訪問調査で最初に確認するのが、**運営規程の掲示**です。掲示はされているものの、内容が少し古い運営規程を見かけることもありました。少なくとも3年に一度の介護報酬改定や5年に一度の制度改正が行われた時には、運営規程を見直して改訂する必要があります。同時に重要事項説明書の内容も改訂しなければなりません。

　なお、令和6年度の制度改正では、「『書面掲示』の規制見直し」により、**令和7年度からインターネット上で閲覧ができるよう、事業所内の「書面掲示」に加え、ウェブサイトに掲載することが義務付けられます。**

書面掲示規制の見直し

運営規程など

事業所内の壁面等に掲示

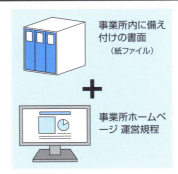

事業所内に備え付けの書面（紙ファイル）

＋

事業所ホームページ 運営規程

PDFデータ等

PCなどによりPDFデータ等を閲覧できる状態

確認項目は1項目、確認文書は「運営規程」の1点です（77ページ参照）。

【確認項目】運営における以下の重要事項について定めているか

1. 事業の目的及び運営の方針
2. 従業者の職種、員数及び職務の内容
3. 営業日及び営業時間
4. 指定訪問介護の内容及び利用料その他の費用の額
5. 通常の事業の実施地域
6. 緊急時等における対応方法
7. 虐待の防止のための措置に関する事項
8. その他運営に関する重要事項

「運営における以下の重要事項」とは、上記の8項目です。運営基準の条文も同じ内容ですので省略しますが、必ず条文も確認しましょう。

新規に訪問介護事業所を開業する時には、事業者指定の申請を行います。その際の指定申請書類の1つに「運営規程」があります。しかし、指定申請の手続きを司法書士や行政書士等に依頼することが多く、運営規程の内容の重要性が認識されないまま、事業所内に掲示してあればよいという理解だけで訪問介護事業が始まるケースもあります。

また、保険者等が推奨する運営規程のひな形やモデル例を探して、そのまま使っている事業所も多く見受けられます。それらを使う場合には、その内容を十分に理解し、運営実態に合ったものを選択しましょう。

1つ目は、「**事業の目的及び運営の方針**」です。例えば、訪問介護以外に予防専門型訪問サービスや生活支援型訪問サービスを一体的に提供している場合の「事業の目的」と「運営の方針」は次ページのようになります。

運営規程で定めておくべき8項目のうち、2から5までで注意したいのは**重要事項説明書の内容と一致していること**です。従業者の員数や利用料その他の費用の額が変わる場合には、運営規程と重要事項説明書を同時に改訂しましょう。

参考：名古屋市「運営規程モデル」

（事業の目的）

　株式会社○○○○が開設する○○訪問介護事業所（以下「事業所」という。）が行う指定訪問介護、予防専門型訪問サービス及び生活支援型訪問サービスの事業（以下「事業」という。）の適正な運営を確保するために人員及び管理運営に関する事項を定め、事業所の介護福祉士又は訪問介護員研修の修了者（以下「訪問介護員等」という。）が、要介護状態及び要支援状態にある高齢者又は事業対象者（以下「要介護者等」という。）に対し、適正な指定訪問介護、予防専門型訪問サービス、生活支援型訪問サービスの事業を提供することを目的とする。

（運営の方針）

　指定訪問介護、予防専門型訪問サービスの基本方針として、訪問介護員等は、要介護者等の心身の特性を踏まえて、その有する能力に応じ自立した日常生活を営むことができるよう、入浴、排せつ、食事の介護その他の生活全般にわたる援助を行う。

2　指定生活支援型訪問サービスの基本方針として、訪問介護員等は、要支援状態にある高齢者又は事業対象者が可能な限りその居宅において自立した日常生活を営むことができるよう、掃除・洗濯・調理等の生活援助を行う。

3　事業の実施に当たっては、関係市町村、居宅介護支援事業者及び地域包括支援センター（以下、「居宅介護支援事業者等」という。）等、地域の保健・医療・福祉サービスとの綿密な連携を図り、総合的なサービスの提供に努めるものとする。

　6つ目の「**緊急時等における対応方法**」については、103ページの「5.緊急時等の対応」で確認した運営基準第27条（緊急時等の対応）を参考に、要約した内容を記載しましょう。

　7つ目の「**虐待の防止のための措置に関する事項**」は、令和3年度の介護報酬改定で事業所に義務付けられた「虐待の防止」に関する規程です。以下の内容での記載が望ましいので、事前に確認しておきます。

運営規程（作成例）

（虐待の防止）

第○条　事業所は、虐待の発生又はその再発を防止するため、次に掲げる措置を講じる。

一　事業所における虐待の防止のための対策を検討する委員会（テレビ電話装置等を活用して行うことができるものとする。）を定期的に開催するとともに、その結果について、従業者に周知徹底を図ること。

二　事業所における虐待の防止のための指針を整備すること。

三　事業所において、従業者に対し、虐待の防止のための研修を定期的に実施すること。
四　前３号に掲げる措置を適切に実施するための担当者を置くこと。

（横浜市介護事業指導課　令和５年10月版　指定申請書類作成例より）

　　最後の「**その他運営に関する重要事項**」には、少なくとも以下の項目を記載しておきます。以前は「重要事項説明書」も確認の対象でしたので、両者の内容が一致していることを確認しておきましょう。運営指導では、運営規程は、相談に訪れた利用者やその家族等が見やすい場所に掲示していること、事業所または事業所を運営する法人等のHP等に掲示していることを確認されます。

　　運営規程の施行年月日も確認されますので、規程を見直し改訂した年月日に注意しましょう。

運営規程（作成例）

（その他運営についての重要事項）
第○条　事業所は、従業者の質的向上を図るための研修の機会を次のとおり設けるものとし、又、業務体制を整備する。
　一　採用時研修　採用後○ヶ月以内
　二　継続研修　年□回
２　従業者は業務上知り得た利用者及びその家族の秘密を保持する。
３　従業者であった者に業務上知り得た利用者及びその家族の秘密を保持させるため、従業者でなくなった後においてもこれらの秘密を保持するべき旨を、従業者との雇用契約の内容とする。
４　事業所は、訪問介護等の提供に関する記録を整備し、保管する。
５　この規程に定める事項の外、運営に関する重要事項は運営法人と事業所の管理者との協議に基づいて別途定める。

（横浜市介護事業指導課　令和５年10月版　指定申請書類作成例より）

2. 勤務体制の確保等（第30条）

確認項目は３項目、確認文書は４点です（78ページ参照）。

【確認項目】サービス提供は事業所の訪問介護員等によって行われているか

確認文書は、「従業者の勤務体制及び勤務実績がわかるもの（例：勤務体制一覧表、勤務実績表）」、「雇用の形態（常勤・非常勤）がわかるもの」となっています。

毎月、作成している「従業者の勤務の体制及び勤務形態一覧表」（93ページ）や「労働条件通知書」（98ページ）などを確認します。

【確認項目】資質向上のために研修の機会を確保しているか

確認文書は、「研修の計画及び実績がわかるもの」です。

訪問介護員等の資質向上のための研修を計画的に行うには、**研修計画書**が必要です。

計画書に沿って研修を実施し、**研修実施記録書**を作成します。念のため申し上げておきますが、研修実施記録書とは、研修受講者の個々の「研修受講報告書」や「研修の感想文」のようなものとは別に、管理者が作成するものです。

【確認項目】性的言動、優越的な関係を背景とした言動による就業環境が害されることの防止に向けた方針の明確化等の措置を講じているか

確認文書は、「職場におけるハラスメントによる就業環境悪化防止のための方針」です。方針の明確化は、以下の4項目が必要な措置となります。

①ハラスメントの定義・禁止

パワーハラスメント、セクシュアルハラスメント、カスタマーハラスメントなどの具体的な定義を明確にし、これらの行為を禁止する方針を示します。

②相談窓口の設置

ハラスメントに関する相談や苦情を受け付けるための窓口を設置し、従業者が安心して相談できる体制を整えます。

③研修と啓発活動

従業者に対してハラスメント防止のための研修を定期的に実施し、ハラスメントの認識と対策についての理解を深めます。

④被害者への配慮

ハラスメントの被害者に対して、メンタルヘルスケアや必要な支援を提供し、被害者が安心して働ける環境を確保します。

このような方針を文書化して明確にすることで、事業所が従業者の働きやすい環境を整え、ハラスメントのない職場を目指していることを、運営指導担当者は確認できるわけです。

なお、運営基準第30条（勤務体制の確保等）を事業所全体で十分に理解するよう努めましょう。

（勤務体制の確保等）

第三十条　指定訪問介護事業者は、利用者に対し適切な指定訪問介護を提供できるよう、指定訪問介護事業所ごとに、訪問介護員等の勤務の体制を定めておかなければならない。

2　指定訪問介護事業者は、指定訪問介護事業所ごとに、当該指定訪問介護事業所の訪問介護員等によって指定訪問介護を提供しなければならない。

3　指定訪問介護事業者は、訪問介護員等の資質の向上のために、その研修の機会を確保しなければならない。

4　指定訪問介護事業者は、適切な指定訪問介護の提供を確保する観点から、職場において行われる性的な言動又は優越的な関係を背景とした言動であって業務上必要かつ相当な範囲を超えたものにより訪問介護員等の就業環境が害されることを防止するための方針の明確化等の必要な措置を講じなければならない。

---

3. 業務継続計画の策定等（第30条の2）

確認項目は３項目、確認文書は３点です（78ページ参照）。

【確認項目】感染症、非常災害発生時のサービスの継続実施及び早期の業務再開の計画（業務継続計画）の策定及び必要な措置を講じているか

事業所内の会議等で計画内容を説明し、周知したことがわかる会議録等を確認します。確認文書は、「感染症発生時と非常災害発生時の2つの業務継続計画」です。

感染症、非常災害ともに発生時におけるサービス提供の継続を維持するための方策と、一時的なサービス提供の中断から早期に再開するための方策を計画にまとめます。運営指導担当者は、その内容を確認します。

【確認項目】訪問介護員等に対する計画の周知、研修及び訓練を定期的に実施しているか

確認文書は、「研修の計画及び実績がわかるもの」、「訓練の計画及び実績がわかるもの」です。事業所内の会議等で計画内容を説明し、周知したことがわかる会議録等を確認します。

また、年に1回または2回程度の研修と訓練を開催し、その内容を実施記録として残します。研修や訓練が計画に沿って行われたことを確認します。

【確認項目】定期的に計画の見直しを行い必要に応じて計画の変更を行っているか

確認文書は、2点ですが上記と同じものです。研修や訓練を実施した結果、計画を見直すべき項目があり、計画の一部を変更し、記録として計画の改訂履歴を記載しましょう。運営指導担当者は、変更された計画の内容を確認します。

（業務継続計画の策定等）
第三十条の二　指定訪問介護事業者は、感染症や非常災害の発生時において、利用者に対する指定訪問介護の提供を継続的に実施するための、及び非常時の体制で早期の業務再開を図るための計画（以下「業務継続計画」という。）を策定し、当該業務継続計画に従い必要な措置を講じなければならない。

2　指定訪問介護事業者は、訪問介護員等に対し、業務継続計画について周知するとともに、必要な研修及び訓練を定期的に実施しなければならない。
3　指定訪問介護事業者は、定期的に業務継続計画の見直しを行い、必要に応じて業務継続計画の変更を行うものとする。

4. 衛生管理等（第31条）

確認項目は１項目、確認文書は３点です（78ページ参照）。

【確認項目】感染症の発生又はまん延しないよう次の措置を講じているか
①感染症の予防及びまん延の防止のための対策を検討する委員会開催（おおむね６月に１回以上）、その結果の周知
②感染症の予防及びまん延の防止のための指針の整備
③感染症の予防及びまん延防止のための研修及び訓練の定期実施

　①は、他の部署、他事業所などと合同で委員会を開催することも可能ですので、必ず開催し、その結果（議事録など）を従業者に周知しましょう。周知した日時、対象者などを記録します。
　確認文書は、「感染症の予防及びまん延の防止のための対策を検討する委員会の開催状況・結果がわかるもの」です。
　②は、事業所としての感染症予防、まん延防止に対する方針をまとめて文書化し、指針として整備しましょう。指針には、策定日や文書責任者名等も記しておきましょう。
　確認文書は、「感染症の予防及びまん延の防止のための指針」です。
　③は、委員会と同様に、他の部署、他事業所などと合同で研修、訓練を実施し、その実施記録書は、個々の部署、事業所に保管しましょう。
　確認文書は、「感染症の予防及びまん延の防止のための研修及び訓練の実施状況・結果がわかるもの」です。

運営基準第31条（衛生管理等）の内容については、事業所全体で理解を深めるよう努めましょう。

（衛生管理等）

第三十一条 指定訪問介護事業者は、訪問介護員等の清潔の保持及び健康状態について、必要な管理を行わなければならない。

2 指定訪問介護事業者は、指定訪問介護事業所の設備及び備品等について、衛生的な管理に努めなければならない。

3 指定訪問介護事業者は、当該指定訪問介護事業所において感染症が発生し、又はまん延しないように、次の各号に掲げる措置を講じなければならない。

一 当該指定訪問介護事業所における感染症の予防及びまん延の防止のための対策を検討する委員会（テレビ電話装置その他の情報通信機器（以下「テレビ電話装置等」という。）を活用して行うことができるものとする。）をおおむね六月に一回以上開催するとともに、その結果について、訪問介護員等に周知徹底を図ること。

二 当該指定訪問介護事業所における感染症の予防及びまん延の防止のための指針を整備すること。

三 当該指定訪問介護事業所において、訪問介護員等に対し、感染症の予防及びまん延の防止のための研修及び訓練を定期的に実施すること。

06 指定居宅サービス等の事業の人員、設備及び運営に関する基準 第33条・34条・36条・37条・37条の2

個別サービスの質を確保するための体制に関する事項③

1. 秘密保持等（第33条）

確認項目は2項目、確認文書は2点です（78ページ参照）。

【確認項目】個人情報の利用に当たり、利用者（利用者の情報）及び家族（利用者家族の情報）から同意を得ているか

確認文書は、「個人情報の利用に関する同意書」です。

文書名は、「個人情報使用同意書」または「個人情報利用同意書」などが該当します。

また、利用者の個人情報と家族の個人情報では、その利用の仕方に違いがあるため、利用者と家族のそれぞれから**個人情報の利用（使用）の同意**を得ておきましょう。

【確認項目】退職者を含む、従業者が利用者の秘密を保持することを誓約しているか

確認文書は、「従業者の秘密保持誓約書」です。

訪問介護員、サービス提供責任者等の従業者を雇用する時に、必ず**利用者やその家族の秘密を保持することを厳守する**という一文を含む誓約書の**提出**を受け、万一退職した場合でもその効力が及ぶことを伝えておきましょう。

> （秘密保持等）
> 第三十三条　指定訪問介護事業所の従業者は、正当な理由がなく、その業務上知り得た利用者又はその家族の秘密を漏らしてはならない。
> 2　指定訪問介護事業者は、当該指定訪問介護事業所の従業者であった者が、正当な理由がなく、その業務上知り得た利用者又はその家族の秘密を漏らすことがないよう、必要な措置を講じなければならない。
> 3　指定訪問介護事業者は、サービス担当者会議等において、利用者の個人情報を用いる場合は利用者の同意を、利用者の家族の個人情報を用いる場合は当該家族の同意を、あらかじめ文書により得ておかなければならない。

2. 広告（第34条）

確認項目は１項目、確認文書は２点です（78ページ参照）。

【確認項目】広告は虚偽又は誇大となっていないか

確認文書は、「パンフレット／チラシ」と「Web広告」で、これまで確認文書の対象ではなかったWeb広告が加わりました。

事業所によっては、パンフレットやチラシを作成していない場合もありますが、事業所の広告は運営基準上も問題ありません。事業所としては、パンフレットやチラシで広告宣伝するだけでなく、潜在的利用者に介護保険制度の利用を促す活動に役立つものも常備しておいた方がよいでしょう。

これらを活用していない事業所の場合には、サービスの利用を検討している要介護者や家族に対し、口頭による説明が多くなり、無意識のうちに「広告は虚偽または誇大になっていないか」に該当する内容を話したり、そう受け止められてしまう恐れがあります。事業所は自らを守る意味でもパンフレットやチラシが必要ではないでしょうか。

> （広告）
> 第三十四条　指定訪問介護事業者は、指定訪問介護事業所について広告をする場合においては、その内容が虚偽又は誇大なものであってはならない。

3. 苦情処理（第36条）

確認項目は2項目、確認文書は2点です（78ページ参照）。

【確認項目】苦情受付の窓口を設置するなど、必要な措置を講じているか

確認文書は、「苦情の受付簿」です。

事業所として常に苦情を受け付ける体制になっていることを示すため、事業所の誰が、いつ誰から、どのような苦情を受け付けたかがわかるように、「苦情受付一覧表」などを用意しておきましょう。

確認文書にはありませんが、重要事項説明書等の文書に、苦情の受付窓口の連絡先や担当者名が記載されていると思いますので、電話番号や担当者名に間違いがないか、事前に確認しておきましょう。

【確認項目】苦情を受け付けた場合、内容等を記録し、保存しているか

確認文書は、「苦情への対応記録」です。

該当する記録として一般的に多いのは、「苦情対応記録書」（または「相談・苦情対応記録書」）などと呼ばれるものです。

介護保険制度では、利用者である要介護高齢者は社会的弱者であり、事業者はその尊厳を守らなければならないとしています。利用者や家族からのどんな些細な苦情やクレームでも、事業者は真摯に対応しなければなりません。**行政側は、1年間に相談や苦情等が1件もないなど決してあり得ないという前提で運営指導を行っていると理解しておきましょう。**

例えば、次の例は東大阪市がHPで提供している参考様式です。こちらを参考に自事業所の記録書を見直し、必要に応じて変更しましょう。

介護保険制度では、要介護高齢者は社会的弱者であり、事業者はその尊厳を守らなければならないとしています。利用者や家族からのどんな些細な苦情やクレームでも、事業者は真摯に対応しなければなりません。

116

苦情（相談）対応記録の例（東大阪市）

出典：
大阪府東大阪市HPより
（抜粋）

　未だ「相談や苦情等が全くない事業所が、良い介護事業所だ。」と、思い込んでいる管理者がいますが、そうした思い込みや勘違いを改めるよう指導された事例もあります。介護保険制度が相談や苦情、クレームがあった時には利用者保護の観点から、事業者が速やかにその申し出を受け付けて適切に対応することです。

　東大阪市の書式例のように、記録書は「相談・苦情対応記録」であることが望ましいでしょう。

　具体的な苦情があった場合には速やかに対応し、原因を明らかにします。その経過と結果を記録に残し、内容をもとに事例検討会や研修を行うなど、訪問介護サービスの質の向上のための取組も必要になります。

　介護サービス情報の公表制度における調査票（運営情報）には、相談、苦情に関する確認事項３項目、確認のための材料４項目がありますので、参考になります。運営指導担当者は公表内容を事前に確認し、利用者やその

家族からの相談、苦情等の対応状況を把握しています。

　したがって、相談、苦情の対応が事業所運営の仕組みとして機能していることが重要です。

中項目	小項目	確認事項	確認のための材料
３ 相談、苦情等の対応のために講じている措置	14 相談、苦情等の対応のための取組の状況	35 利用者又はその家族からの相談、苦情等に対応する仕組みがある。	43 重要事項を記した文書等利用者に交付する文書に、相談、苦情等対応窓口及び担当者が明記されている。
			44 相談、苦情等対応に関するマニュアル等がある。
		36 相談、苦情等対応の経過を記録している。	45 相談、苦情等対応に関する記録がある。
		37 相談、苦情等対応の結果について、利用者又はその家族に説明している。	46 利用者又はその家族に対する説明の記録がある。

出典：厚生労働省HPより抜粋

（苦情処理）
第三十六条　指定訪問介護事業者は、提供した指定訪問介護に係る利用者及びその家族からの苦情に迅速かつ適切に対応するために、苦情を受け付けるための窓口を設置する等の必要な措置を講じなければならない。

２　指定訪問介護事業者は、前項の苦情を受け付けた場合には、当該苦情の内容等を記録しなければならない。

３　指定訪問介護事業者は、提供した指定訪問介護に関し、法第二十三条の規定により市町村が行う文書その他の物件の提出若しくは提示の求め又は当該市町村の職員からの質問若しくは照会に応じ、及び利用者からの苦情に関して市町村が行う調査に協力するとともに、市町村から指導又は助言を受けた場合においては、当該指導又は助言に従って必要な改善を行わなければならない。

４　指定訪問介護事業者は、市町村からの求めがあった場合には、前項の改善の内容を市町村に報告しなければならない。

５　指定訪問介護事業者は、提供した指定訪問介護に係る利用者からの苦情に関して国民健康保険団体連合会（国民健康保険法（昭和三十三年法律第百九十二号）第四十五条第五項に規定する国民健康保険団体連合会をいう。以下同じ。）が行う法第百七十六条第一項第三号の調査に協力するとともに、国民健康保険団体連合会から同号の指導又は助言を受けた場合においては、当該指導又は助言に従って必要な改善を行わなければならない。

６　指定訪問介護事業者は、国民健康保険団体連合会からの求めがあった場合には、前項の改善の内容を国民健康保険団体連合会に報告しなければならない。

なお、**マニュアルを定期的に改訂しているかどうか**も確認する可能性があります。マニュアルを活用して相談や苦情に対応することは、事業所運営上必要です。

　作成年月日が古いものや一度も改訂していないマニュアルを提示すれば、マニュアルを活用していないと判断され、取組ができていないことになります。

4. 事故発生時の対応（第37条）

　確認項目は３項目、確認文書は３点です（78ページ参照）。

【確認項目】市町村、利用者家族、居宅介護支援事業者等に連絡しているか

　確認文書は、「市町村、利用者家族、居宅介護支援事業者等への連絡状況がわかるもの」です。

　利用者が転倒したり、食べ物を喉に詰まらせたりした事故が発生した場合には、速やかに利用者の家族や担当ケアマネジャー、保険者である市区町村に連絡し、必要な措置を講じます。「……に連絡しているか」ということは記録類で確認しますので、連絡した相手先や日時、連絡の内容などを記録に残します。

　同時に、利用者の事故の状況によっては救急車を要請し、医療機関に搬送するなどの適切な対応が欠かせません。

【確認項目】事故状況、事故に際して採った処置が記録されているか

　確認文書は、「事故に際して採った処置の記録」です。

　事故発生の状況、原因、経過とともに、事後発生直後からの対応状況について、当事者から正確な情報を収集し、管理者が事故の全体像を把握して客観的な事実のみを記録します。

　医療機関への受診等がある場合などは、必要に応じて、市区町村へ速やかに報告します。

【確認項目】損害賠償すべき事故が発生した場合に、速やかに賠償を行っているか

確認文書は、「損害賠償の実施状況がわかるもの」です。

損害賠償すべき事故が発生した場合は、速やかに損害賠償保険の手続きなどを行い、損害賠償に対応します。その記録を運営指導担当者が確認します。

万が一、損害賠償を求められた場合を想定して、損害賠償責任保険等の仕組みを把握し理解しておきましょう。

介護保険サービス等に関わる事故報告取扱要領（品川区の例）

品福福発第５７号
平成１９年５月　１日
一部改正：平成１９年５月３１日
一部改正：平成２１年６月　１日
一部改正：平成２２年４月　１日
一部改正：平成２４年４月　１日
一部改正：平成２７年４月　１日
一部改正：平成２７年１１月１日
一部改正：平成２８年６月　１日
一部改正：令和　２年４月　１日
品川区福祉部長

介護保険サービス等に関わる事故報告取扱要領

（通則）
第１　介護保険法に基づく諸基準（別表１）の規定による事故が発生した場合の保険者
　　　への報告は、この要領の定めるところによるものとする。
（目的）
第２　この要領は、介護サービスや指定通所介護事業所等の設備を利用した夜間および
　　　深夜の指定通所介護等以外のサービス（以下「介護サービス等」という。）の提供に
　　　より事故が発生した場合において、速やかに介護サービス提供事業所（以下「事業
　　　所」という。）から品川区への報告が行われるとともに、その事後処理において賠償
　　　を含めた事故の速やかな解決、再発防止およびサービスの質の向上に資することを
　　　目的とする。
（事故の範囲）
第３　報告すべき事故の範囲は、事業所の責任の有無にかかわらず、介護サービス等の
　　　提供に伴い発生した事故とし、次のとおりとする。
　　１　原因等が次のいずれかに該当する場合
　　　(1)　身体不自由・疾患または認知症等に起因するもの
　　　(2)　施設の設備等に起因するもの
　　　(3)　感染症、食中毒または疥癬の発生
　　　　　感染症とは「感染症の予防および感染症の患者に対する医療に関する法律」に
　　　　定めるもののうち、原則として一、二、三、四、五類感染症およびこれらに相当
　　　　する指定感染症とする。（別表２）
　　　(4)　地震等の自然災害、火災または交通事故
　　　(5)　職員、利用者または第三者の故意または過失による行為およびそれらが疑われ
　　　　る場合

120

運営基準第37条は、第9条（緊急時の対応方法）とともに事業運営上重要ですので条文を確認しておきましょう。

また、前ページの「介護保険サービス等に関わる事故報告取扱要領（品川区の例）」を参考に、対応方法を理解しておきましょう。

（事故発生時の対応）
第三十七条　指定訪問介護事業者は、利用者に対する指定訪問介護の提供により事故が発生した場合は、市町村、当該利用者の家族、当該利用者に係る居宅介護支援事業者等に連絡を行うとともに、必要な措置を講じなければならない。
2　指定訪問介護事業者は、前項の事故の状況及び事故に際して採った処置について記録しなければならない。
3　指定訪問介護事業者は、利用者に対する指定訪問介護の提供により賠償すべき事故が発生した場合は、損害賠償を速やかに行わなければならない。

5. 虐待の防止（第37条の2）

近年の虐待事案の増加を受け、2024（令和6年）7月に一部改訂された「介護保険施設等運営指導マニュアル」の別添「確認項目及び確認文書」に、新たに追加された項目です。

近年、増加している虐待事案(124ページ参照)に対する措置として、2021年（令和3）には、運営基準にも条文が追加されました。

確認項目は2項目、確認文書は4点です（78ページ参照）。

【確認項目】虐待の発生又はその再発を防止するため次の措置を講じているか
・虐待の防止のための対策を検討する委員会の定期開催及びその結果の訪問介護員等への周知
・虐待の防止のための指針の整備
・虐待の防止のための研修の定期実施

具体的に事業所に求められている措置は、5点あります。

①虐待防止対策検討委員会を定期的に開催すること
②委員会で検討した結果（委員会の議事録など）を訪問介護員等に説明し、周知すること
③虐待防止・再発防止のための指針を整備すること
④虐待防止のための研修計画を策定し、研修を実施すること
⑤上記４項目を実施するために担当者をおくこと

　事業所にとっては、相当な負担となります。他の部署や他事業所と共同で委員会を開催したり、研修計画を策定したりして、研修を行うなどの工夫が必要になります。

　確認文書の１点目、「**虐待の防止のための対策を検討する委員会の開催状況及び結果がわかるもの**」とは、**委員会の開催案内文、議事録**です。「定期開催」ですので、議事録には次回の開催予定日や検討議題などを記載しましょう。

　確認文書の２点目は「**虐待の防止のための指針**」ですが、以下の内容を記載します。三重県が提供している指針のひな形の項目をまとめましたので、参考にしてください。

1　高齢者虐待の防止に関する基本的考え方
2　虐待の定義
3　高齢者虐待防止検討委員会その他事業所内の組織に関する事項
4　高齢者虐待の防止のための職員研修に関する基本方針
5　虐待等が発生した場合の対応方法に関する基本方針
6　虐待等が発生した場合の相談・報告体制
7　成年後見制度の利用支援
8　虐待等に係る苦情解決方法
9　利用者等に対する指針の閲覧
10　その他虐待防止の推進のために必要な事項

出典：三重県HPより

続いて、３点目は「虐待の防止のための研修の計画及び実績がわかるもの」です。研修計画書と研修実施記録書になります。

【確認項目】上記の措置を適切に実施するための担当者を置いているか

確認文書の４点目、「担当者を置いていることがわかるもの」とは、**任命書**などが考えられます。辞令は役職に就く場合に使いますが、特定のプロジェクトチームのリーダー等を任命する時は任命書がよいでしょう。

運営基準第37条の２に追加された条文にも目を通しておきましょう。

（虐待の防止）

第三十七条の二　指定訪問介護事業者は、虐待の発生又はその再発を防止するため、次の各号に掲げる措置を講じなければならない。

一　当該指定訪問介護事業所における虐待の防止のための対策を検討する委員会（テレビ電話装置等を活用して行うことができるものとする。）を定期的に開催するとともに、その結果について、訪問介護員等に周知徹底を図ること。

二　当該指定訪問介護事業所における虐待の防止のための指針を整備すること。

三　当該指定訪問介護事業所において、訪問介護員等に対し、虐待の防止のための研修を定期的に実施すること。

四　前三号に掲げる措置を適切に実施するための担当者を置くこと。

●「高齢者虐待事案増加の一途」への対応

平成18年４月、高齢者虐待防止法が施行された当時は、高齢者虐待事案が社会問題として取り上げられ始めていました。法律施行の翌年から毎年度実施している高齢者虐待への対応状況等に関する調査結果を見ると、高齢者虐待の相談・通報件数は年々増加しています。

高齢者の増加とともに高齢者虐待事案が増えている実態を踏まえて、特に「養介護施設従事者等による高齢者虐待の相談・通報件数と虐待判断件数の推移」の急増に対応するために、厚労省は運営基準を改正し、運営指導でもきめ細かく指導する方向性を打ち出したと考えられます（次ページの参考資料参照）。

参考資料

高齢者虐待防止法に基づく対応状況等の調査結果

　厚生労働省では、「高齢者虐待の防止、高齢者の養護者に対する支援等に関する法律」（高齢者虐待防止法）に基づく、令和4年度の対応状況等に関する調査結果を取りまとめ、公表しています。

　本調査は、平成18年4月に施行された「高齢者虐待防止法」に基づき、全国の市町村及び都道府県で行われた高齢者に対する虐待への対応状況をまとめたものです。

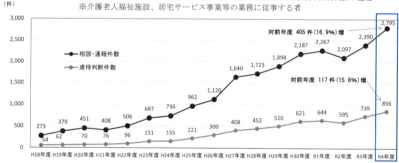

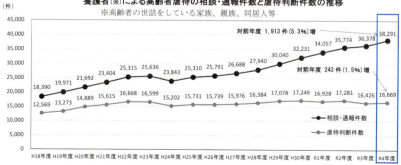

出典：厚生労働省プレスリリース（令和5年12月22日）

第5章

居宅介護支援の確認項目と確認文書

01 ケアプランを作成する介護支援専門員の常駐施設

居宅介護支援の確認項目と確認文書をチェックする

居宅介護支援事業所特有の項目もある

　居宅介護支援事業所には介護支援専門員が所属しています。

　ケアプランを作成し、利用者と居宅介護サービス事業者との間の連絡調整を担う居宅介護支援事業所には、特有の確認項目もあります。

　確認項目、確認文書は、これまでの運営指導で確認されていた帳票類、記録類などの文書の数よりも少し増えました。また、指導で確認するポイント（確認項目）が少し変わった点もあります。項目ごとに解説していきます。

　確認項目は「**指定居宅介護支援等の事業の人員及び運営に関する基準**」（平成11年厚生省令第38号）（以下、「運営基準」という。）に基づいて構成されていますので、これを正しく理解しておくことが求められます。

●居宅介護支援事業所のICT化が進む

　2024（令和6）年度介護報酬改定では、様々な条件があるものの**オンライン（テレビ電話装置等）を活用したモニタリング**が可能とされました。

　また、個人情報の取扱いを適切に管理した上で**テレワーク**が認められました。さらに書面掲示規制の見直しによって、事業所内に掲示しなければならない**「運営規程」をホームページ等のインターネット上でも閲覧できるようにしなければならない**ことになりました。

　管理者は、「管理者の責務及び兼務範囲の明確化」により、**同一敷地内でなくても兼務できる**ようになりました。

　そうなれば、オンライン会議や打ち合わせ、帳票類や記録類のデジタル化で、誰でもいつでも閲覧できる仕組みや体制などを整備しなければなりません。**ICT化は避けて通れない状況になります。**

次期報酬改定＆制度改正に持ち越された検討課題

社会保障審議会介護給付費分科会等で2023年11月まで行われた2024年度報酬改定＆制度改正の議論では、3年後の次回改定期へ見送られたものも少なくありません。下記はその主なものです。

●LIFE対象範囲の拡大

LIFE対応加算の居宅介護支援への適用が見送られました。次回制度改定までに議論することになっていますが、仮に対象となった場合には、居宅介護支援事業所の業務負担が増えることになり、ますますICT化を加速しなければならない状況になるのではと考えられます。

●訪問介護と通所介護を組み合わせた複合型サービス

2024年度改定の検討課題の1つとして検討されていましたが、これも次回に持ち越されました。

複合型サービスが実現した場合にケアプランにどう位置付けるか等々、ケアマネジメント手法にも影響を与えるかもしれません。

●居宅介護支援（ケアマネジメント）に利用者負担を導入

現在は利用者負担がない介護支援専門員による「**ケアプラン作成**」に自己負担を設け、有料化しようとするものです。長年、検討課題として議論されてきました。今回は見送られましたが、2024年6月21日に閣議決定された「**経済財政運営と改革の基本方針2024について**」でも、「介護保険制度について、利用者負担が2割となる「一定以上所得」の判断基準の見直し、ケアマネジメントに関する給付の在り方、軽度者への生活援助サービス等に関する給付の在り方については、第10期介護保険事業計画期間の開始の前までに検討を行い、結論を得る」とされており、次回報酬改定＆制度改正までには議論が進展すると考えられます。

仮にケアマネジメントにも利用者負担導入となれば、利用者は積極的にケアマネジャーを選ぶことになるのではないかと言われています。そうなると、居宅介護支援事業所としての個別サービスの質、個別サービスの質を確保するための体制が、より問われることになるでしょう。

個別サービスの質に関する事項

確認項目	確認文書	頁
内容及び手続の説明及び同意 （第4条）	○重要事項を記した文書について、利用申込者又はその家族へ交付し説明を行い同意を得ているか ○重要事項説明書の内容に不備等はないか	◆重要事項説明書（利用申込者又は家族の同意があったことがわかるもの） ◆内容及び手続きの説明に対して利用申込者の理解を得られたことがわかるもの（例：利用申込者の署名文書） ◆利用契約書	131
指定居宅介護支援の具体的取扱方針 （第13条）	○利用者の日常生活全般を支援するため介護保険以外の保健医療・福祉サービス等の利用も含めて居宅サービス計画上に位置づけるよう努めているか ○利用者が有する能力、その置かれている環境等を評価し、利用者が自立した生活を営むことができるように支援する上で解決すべき課題を把握（アセスメント）しているか ○アセスメントのため、利用者の居宅を訪問し、利用者及びその家族に面接しているか ○サービス担当者会議を開催し、利用者の状況等に関する情報を担当者と共有し、担当者からの専門的な見地からの意見を求めているか ○居宅サービス計画原案の内容について利用者又はその家族へ説明を行い、文書により同意を得ているか ○居宅サービス計画を利用者及び担当者へ交付しているか ○定期的に居宅サービス計画の実施状況の把握（モニタリング）を行い、結果を記録しているか（月１回） ○サービス担当者会議の開催により、居宅サービス計画の変更の必要性について担当者から専門的な見地からの意見を求めているか ○居宅サービス計画に位置づけた個別サービスにかかる当該計画の提出を求めているか ○生命又は身体を保護するため、緊急やむを得ない場合を除き、身体的拘束等（身体拘束その他利用者の行動を制限する行為を含む）を行っていないか ○身体的拘束等を行う場合に要件（切迫性、非代替性、一時性）を全て満たしているか ○身体的拘束等を行う場合、その態様及び時間、その際の利用者の心身の状況並びに緊急やむを得ない理由を記録しているか	◆アセスメントの結果記録 ◆サービス担当者会議の記録 ◆居宅サービス計画 ◆支援経過記録等 ◆モニタリングの結果記録 ◆個別サービス計画 ◆身体的拘束等の記録（身体的拘束等がある場合）	135

個別サービスの質を確保するための体制に関する事項

確認項目		確認文書	頁
従業者の員数 （第2条）	○利用者に対し、従業者の員数は適切で あるか ○必要な資格は有しているか ○専門員証の有効期限は切れていないか	◆従業者の勤務体制及び勤務実績がわか るもの（例：勤務体制一覧表、勤務実 績表） ◆従業者の勤怠状況がわかるもの（例： タイムカード、勤怠管理システム） ◆資格要件に合致していることがわかる もの（例：資格証の写し）	143
管理者 （第3条）	○管理者は常勤専従か、他の職務を兼務 している場合、兼務体制は適切か	◆管理者の雇用形態がわかるもの ◆管理者の勤務体制及び勤務実績がわか るもの（例：勤務体制一覧表、勤務実 績表） ◆管理者の勤怠状況がわかるもの（例： タイムカード、勤怠管理システム）	144
受給資格等の確認 （第7条）	○被保険者資格、要介護認定の有無、要 介護認定の有効期限を確認しているか	◆介護保険番号、有効期限等を確認して いる記録等	146
運営規程 （第18条）	○運営における以下の重要事項について 定めているか 1.事業の目的及び運営の方針 2.職員の職種、員数及び職務内容 3.営業日及び営業時間 4.指定居宅介護支援の提供方法、内容及 び利用料、その他の費用の額 5.通常の事業の実施地域 6.虐待の防止のための措置に関する事 項 7.その他運営に関する重要事項	◆運営規程	146
勤務体制の確保 （第19条）	○サービス提供は事業所の介護支援専門 員・従業者によって行われているか ○資質向上のために研修の機会を確保し ているか ○性的言動、優越的な関係を背景とした 言動による就業環境が害されることの 防止に向けた方針の明確化等の措置を 講じているか	◆従業者の勤務体制及び勤務実績がわか るもの（例：勤務体制一覧表、勤務実 績表） ◆雇用の形態（常勤・非常勤）がわかる もの ◆研修の計画及び実績がわかるもの ◆職場におけるハラスメントによる就業 環境悪化防止のための方針	149
業務継続計画の策 定等 （第19条の2）	○感染症、非常災害発生時のサービスの 継続実施及び早期の業務再開の計画 （業務継続計画）の策定及び必要な措置 を講じているか ○従業者に対する計画の周知、研修及び 訓練を定期的に実施しているか ○定期的に計画の見直しを行い必要に応 じて計画の変更を行っているか	◆業務継続計画 ◆研修の計画及び実績がわかるもの ◆訓練の計画及び実績がわかるもの	150
感染症の予防及び まん延防止のため の措置 （第21条の2）	○感染症の発生又はまん延しないよう次 の措置を講じているか ・感染症の予防及びまん延の防止のため の対策を検討する委員会開催（おおむ ね6月に1回以上）、その結果の周知	◆感染症の予防及びまん延の防止のため の対策を検討する委員会の開催状況・ 結果がわかるもの ◆感染症の予防及びまん延の防止のため の指針	152

第5章 居宅介護支援の確認項目と確認文書

	・感染症の予防及びまん延の防止のための指針の整備 ・感染症の予防及びまん延の防止のための研修及び訓練の定期実施	◆感染症の予防及びまん延の防止のための研修及び訓練の実施状況・結果がわかるもの	
秘密保持等 （第23条）	○個人情報の利用に当たり、利用者（利用者の情報）及び家族（利用者家族の情報）から同意を得ているか ○退職者を含む、従業者が利用者の秘密を保持することを誓約しているか	◆個人情報の利用に関する同意書 ◆従業者の秘密保持誓約書	154
広告 （第24条）	○広告は虚偽又は誇大となっていないか	◆パンフレット／チラシ ◆Web 広告	155
苦情処理 （第26条）	○苦情を受け付けた場合、内容等を記録しているか	◆苦情の受付簿 ◆苦情への対応記録	156
事故発生時の対応 （第27条）	○市町村、利用者家族等に連絡しているか ○事故状況、事故に際して採った処置が記録されているか ○損害賠償すべき事故が発生した場合に、速やかに賠償を行っているか	◆市町村、利用者家族等への連絡状況がわかるもの ◆事故に際して採った処置の記録 ◆損害賠償の実施状況がわかるもの	158
虐待の防止 （第27条の2）	○虐待の発生又はその再発を防止するため次の措置を講じているか ・虐待の防止のための対策を検討する委員会の定期開催及びその結果の介護支援専門員への周知 ・虐待の防止のための指針の整備 ・虐待の防止のための研修の定期実施 ○上記の措置を適切に実施するための担当者を置いているか	◆虐待の防止のための対策を検討する委員会の開催状況及び結果がわかるもの ◆虐待の防止のための指針 ◆虐待の防止のための研修の計画及び実績がわかるもの ◆担当者を置いていることがわかるもの	160

注）　確認項目の条項は「指定居宅介護支援等の事業の人員及び運営に関する基準（平成11年厚生省令第38号）」から抽出・設定したもの

02

指定居宅介護支援等の事業の人員及び運営に関する基準
第4条・13条

個別サービスの質に
関する事項

　運営指導で確認される「確認項目及び確認文書」には、2つのカテゴリーがあります（128～129ページ参照）。

　1つは「**個別サービスの質に関する事項**」で、「指定居宅介護支援等の事業の人員及び運営に関する基準」（以下「運営基準」という。）の関連条文が2、具体的な確認項目が計14項目、確認文書は計10点です。

　もう1つは、「**個別サービスの質を確保するための体制に関する事項**」で、運営基準の関連条文が12、具体的な確認項目が計22項目、確認文書は計31点です。

1. 内容及び手続の説明及び同意（第4条）

　確認項目は2項目、確認文書は3点です（128ページ参照）。

【確認項目】重要事項を記した文書について、利用申込者又はその家族へ交付し説明を行い同意を得ているか

　従来の旧・実地指導でも提示を求められ確認されますが、保険者の運営指導担当者の見るポイントが変わる可能性があります。

　日付や署名捺印を見るだけでなく、説明と同意の手続きの成否を確認し判断するのではないかと考えられます。説明にはどのくらい時間がかかったか、利用者や家族から何か質問や不明な点を聞かれていないか、そうしたやり取りを「**居宅介護支援経過（ケアプラン第5表）**」に記録しておくと、万一の時に安心です。

●**押印不要でも捺印したい利用者がいる時**

　利用申込者の同意については、これまで署名、捺印が原則でしたが、押

第**5**章　居宅介護支援の確認項目と確認文書

131

印廃止により署名だけでよいことになりました。しかし、要介護高齢者の多くは、押印不要が理解できていない場合もあります。利用申込者や家族が捺印したいという意向がある場合には、これを尊重しましょう。

なお、重要事項説明書の署名欄は以下の内容を参考にしてください。

重要事項について文書を交付し、説明しました。

令和〇年〇月〇日
管理者 山 田 太 郎

私は重要事項について交付、説明を受け、同意しました。

令和〇年〇月〇日
鈴 木 花 子

※下線は本人の署名

確認文書は、次の3点です。

① 「**重要事項説明書（利用申込者又は家族の同意があったことがわかるもの）**」

② 「**内容及び手続きの説明に対して利用申込者の理解を得られたことがわかるもの（例：利用申込者の署名文書）**」

③ 「**利用契約書**」

特に②に関しては、上記の署名欄で確認するとよいでしょう。

また、**重要事項説明書と利用契約書との整合性**を確認される可能性があります。事業所によっては、インターネットでそれらのひな形やサンプル（見本）を取り込んで、簡単に自事業所の文書を作成している例がありますが、今一度、内容を見直しておきましょう。

保険者からの注意事項として、「利用申込者及びサービス事業者双方を保護する観点から、サービス提供開始前に『契約書』等の書面を交わして、契約内容の確認を得てください。」とありますので、厳守しましょう。

【確認項目】重要事項説明書の内容に不備等はないか

これまでは重要事項説明書の内容について、踏み込んだ確認をしてこなかった運営指導担当者も多かったのではないでしょうか。これからは利用契約書より重要事項説明書の内容を重点的に確認するという認識が進んでいますので、その内容を十分に見直しておきましょう。

見直しの前に該当する運営基準第4条（内容及び手続の説明及び同意）の記載内容をよく理解しておく必要があります。

また、介護支援専門員に求められる**利用者への説明責任**として、利用者に必ず伝えるべき3項目があります。これを重要事項説明書に明記しておきましょう。特に②と③を怠っていると、減算の対象になります。

介護支援専門員が利用者に必ず伝えるべき3項目（利用者への説明責任）

①入院時には、担当介護支援専門員の氏名や連絡先等を入院先医療機関に伝えてもらうこと
②利用する介護サービスについて、介護支援専門員に「複数の事業所の紹介」を求めることができること
③その事業所をケアプランに位置付けた理由について、介護支援専門員に説明を求めることができること

なお、第4条に新たに加えられた**第5項**では、「…利用申込者又はその家族からの申出があった場合には、…文書の交付に代えて、…当該利用申込者又はその家族の承諾を得て、当該文書に記すべき重要事項を、**電子情報処理組織を使用する方法その他の情報通信の技術を利用する方法で次に掲げるもの…により提供することができる。**」とありますので、パソコンを利用しファイルにまとめて電子メール等で利用申込者やその家族に提供することも可能です。

詳しくは、次ページの運営基準第4条を参照してください。

（内容及び手続の説明及び同意）

第四条　指定居宅介護支援事業者は、指定居宅介護支援の提供の開始に際し、あらかじめ、利用申込者又はその家族に対し、第十八条に規定する運営規程の概要その他の利用申込者のサービスの選択に資すると認められる重要事項を記した文書を交付して説明を行い、当該提供の開始について利用申込者の同意を得なければならない。

2　指定居宅介護支援事業者は、指定居宅介護支援の提供の開始に際し、あらかじめ、利用者又はその家族に対し、居宅サービス計画が第一条の二に規定する基本方針及び利用者の希望に基づき作成されるものであり、利用者は複数の指定居宅サービス事業者等を紹介するよう求めることができること等につき説明を行い、理解を得なければならない。

3　指定居宅介護支援事業者は、指定居宅介護支援の提供の開始に際し、あらかじめ、利用者又はその家族に対し、前六月間に当該指定居宅介護支援事業所において作成された居宅サービス計画の総数のうちに訪問介護、通所介護、福祉用具貸与及び地域密着型通所介護（以下この項において「訪問介護等」という。）がそれぞれ位置付けられた居宅サービス計画の数が占める割合及び前六月間に当該指定居宅介護支援事業所において作成された居宅サービス計画に位置付けられた訪問介護等ごとの回数のうちに同一の指定居宅サービス事業者又は指定地域密着型サービス事業者によって提供されたものが占める割合につき説明を行い、理解を得るよう努めなければならない。

4　指定居宅介護支援事業者は、指定居宅介護支援の提供の開始に際し、あらかじめ、利用者又はその家族に対し、利用者について、病院又は診療所に入院する必要が生じた場合には、当該利用者に係る介護支援専門員の氏名及び連絡先を当該病院又は診療所に伝えるよう求めなければならない。

5　指定居宅介護支援事業者は、利用申込者又はその家族からの申出があった場合には、第一項の規定による文書の交付に代えて、第八項で定めるところにより、当該利用申込者又はその家族の承諾を得て、当該文書に記すべき重要事項を電子情報処理組織を使用する方法その他の情報通信の技術を利用する方法であって次に掲げるもの（以下この条において「電磁的方法」という。）により提供することができる。この場合において、当該指定居宅介護支援事業者は、当該文書を交付したものとみなす。

一　電子情報処理組織を使用する方法のうちイ又はロに掲げるもの

イ　指定居宅介護支援事業者の使用に係る電子計算機と利用申込者又はその家族の使用に係る電子計算機とを接続する電気通信回線を通じて送信し、受信者の使用に係る電子計算機に備えられたファイルに記録する方法

ロ　指定居宅介護支援事業者の使用に係る電子計算機に備えられたファイルに記録された第一項に規定する重要事項を電気通信回線を通じて利用申込者又はその家族の閲覧に供し、当該利用申込者又はその家族の使用に係る電子計算機に備えられたファイルに当該重要事項を記録する方法（電磁的方法による提供を受ける旨の承諾又は受けない旨の申出をする場合にあっては、指定居宅介護支援事業者の使用に係る電子計算機に備えられたファイルにその旨を記録する方法）

二　電磁的記録媒体（電磁的記録（電子的方式、磁気的方式その他人の知覚によっては認識することができない方式で作られる記録であって、電子計算機による情報処

理の用に供されるものをいう。第三十一条第一項において同じ。）に係る記録媒
体をいう。）をもって調製するファイルに第一項に規定する重要事項を記録した
ものを交付する方法

6　前項に掲げる方法は、利用申込者又はその家族がファイルへの記録を出力するこ
とによる文書を作成することができるものでなければならない。

7　第五項第一号の「電子情報処理組織」とは、指定居宅介護支援事業者の使用に係
る電子計算機と、利用申込者又はその家族の使用に係る電子計算機とを電気通信回
線で接続した電子情報処理組織をいう。

8　指定居宅介護支援事業者は、第五項の規定により第一項に規定する重要事項を提
供しようとするときは、あらかじめ、当該利用申込者又はその家族に対し、その用
いる次に掲げる電磁的方法の種類及び内容を示し、文書又は電磁的方法による承諾
を得なければならない。

一　第五項各号に規定する方法のうち指定居宅介護支援事業者が使用するもの

二　ファイルへの記録の方式

9　前項の規定による承諾を得た指定居宅介護支援事業者は、当該利用申込者又はそ
の家族から文書又は電磁的方法により電磁的方法による提供を受けない旨の申出
があったときは、当該利用申込者又はその家族に対し、第一項に規定する重要事項
の提供を電磁的方法によってしてはならない。ただし、当該利用申込者又はその家
族が再び前項の規定による承諾をした場合は、この限りでない。

2. 指定居宅介護支援の具体的取扱方針（第13条）

　運営指導マニュアルの一部改訂により、第13条関連の確認項目は12項目
に増え、各項目の内容も大きく変わりました。確認文書は7点です（128ペ
ージ参照）。

【確認項目】利用者の日常生活全般を支援するため介護保険以外の保健医
　　　　　　療・福祉サービス等の利用も含めて居宅サービス計画上に位置
　　　　　　づけるよう努めているか

　確認文書として、「アセスメントの結果記録」（アセスメントシート）の
記載内容を確認すると考えられます。介護保険以外のサービス利用につな
がる利用者の日常生活全般から抽出した課題（ニーズ）の内容に着目する
のではないでしょうか。

　また、「居宅サービス計画」（ケアプラン）に具体的に介護保険外サービ

スを位置付けているかどうかも確認するでしょう。その他、「サービス担当者会議の記録」（第4表　サービス担当者会議の要点）から、介護保険外サービスについて話し合われた記録なども確認する可能性があります。

　具体的に介護保険外サービスを利用している状況を確認するとすれば、「支援経過記録等」（第5表　居宅介護支援経過）の記録内容も確認するでしょう。

　なお、141ページから運営基準第13条（指定居宅介護支援の具体的取扱方針）の各号条文を示しますので、それぞれ参照してください。

　本確認項目の参照条文は第4号になります（141ページ参照）。

【確認項目】利用者が有する能力、その置かれている環境等を評価し、利用者が自立した生活を営むことができるように支援する上で解決すべき課題を把握（アセスメント）しているか

　確認文書として、「アセスメントの結果記録」（アセスメントシート）はもとより、「居宅サービス計画」（ケアプラン）の第1表、第2表を重点的に確認するものと考えられます。

　具体的には、利用者の生活全般の解決すべき複数の課題（ニーズ）から解決していかなければならない課題の優先順位を見立てている点を確認されることもあるでしょう。

　なお、参照条文は第13条第6号です（141ページ参照）。

【確認項目】アセスメントのため、利用者の居宅を訪問し、利用者及びその家族に面接しているか

　利用者宅訪問と利用者やその家族と面接していることを確認されます。

　確認文書は、主に「支援経過記録等」（第5表　居宅介護支援経過）の記載内容から読み取り確認するでしょう。利用者宅訪問の日時、利用者の面接に同席した家族の名前や続柄などを記録に残しましょう。

　また、ケアマネジャーは利用者やその家族に対して、アセスメントのために訪問し、面談する旨を説明し、理解を得なければならないと規定され

ているので、これについても「支援経過記録等」（第5表　居宅介護支援経過）に記しておきましょう。

なお、参照条文は第13条第7号です（141ページ参照）。

【確認項目】サービス担当者会議を開催し、利用者の状況等に関する情報を担当者と共有し、担当者からの専門的な見地からの意見を求めているか

確認文書は、「サービス担当者会議の記録」（第4表　サービス担当者会議の要点）、「居宅サービス計画」（ケアプラン）、「支援経過記録等」（第5表　居宅介護支援経過）などが確認されます。特に「担当者からの専門的な見地からの意見を求めているか」という点が重要です。

実際の会議では様々な意見や提案があったにもかかわらず、記録に残していないということがないよう、意識して担当者の意見等を聴取し記録しましょう。

なお、参照条文は第13条第9号です（141ページ参照）。

【確認項目】居宅サービス計画原案の内容について利用者又はその家族へ説明を行い、文書により利用者の同意を得ているか

運営基準第13条第2号では、居宅介護支援サービスの提供に当たっては、懇切丁寧に行うこと、利用者や家族に対し、サービスの提供方法等について理解しやすいように説明することを求めています。

運営基準第13条第10号では、ケアプラン原案の内容を説明し、利用者やその家族の同意を得なければならないこととなっています。

なお、作成したケアプランの説明、同意、交付については、「支援経過記録等」に記載しておきます。

【確認項目】居宅サービス計画を利用者及び担当者へ交付しているか

サービス担当者に対しても、ケアプランの内容について必要な説明を行う必要があります。「支援経過記録等」や「サービス担当者会議の記録」が、

確認文書として考えられます。

なお、参照条文は第13条第9号です（141ページ参照）。

【確認項目】定期的に居宅サービス計画の実施状況の把握（モニタリング）を行い、結果を記録しているか（月1回）

定期的なモニタリングについては、「支援経過記録等」（第5表　居宅介護支援経過）で確認するでしょう。確認文書には「モニタリングの結果記録」もありますので、こちらも確認すると考えられます。

「介護支援経過記録」には、モニタリングを行った日時やその概要を記録し、詳細はモニタリング記録にまとめるという方法がよいでしょう。

なお、参照条文は第13条第14号です（142ページ参照）。**テレビ電話装置等を活用して、利用者に面接することができる**ようになりましたので、詳細についても理解しておきましょう。

【確認項目】サービス担当者会議の開催により、居宅サービス計画の変更の必要性について担当者から専門的な見地からの意見を求めているか

ケアプランに位置付けた各サービスの実施状況を把握しながら、サービスの提供を受けている利用者の詳細なアセスメントを行います。その結果、必要に応じて、計画の変更の必要性を検討するためのサービス担当者会議を開催します。

「担当者から専門的な見地からの意見を求めているか」となっていますので、各担当者から専門的な見地による意見を聴取し、記録します。

なお、参照条文は第13条第15号です（142ページ参照）。

【確認項目】居宅サービス計画に位置づけた個別サービスにかかる当該計画の提出を求めているか

ケアプランに位置付けた個別サービスについて、事業者（担当者）がケアプランに沿って作成した訪問介護等の「個別サービス計画」の提出を求

め、その整合性を確認されます。

　個別サービス計画の介護目標が、ケアプランの短期目標の文言をそのまま転記していることで整合性が担保されるわけではありません。ケアプラン第1表にある「利用者及び家族の生活に対する意向」や「総合的な援助方針」、第2表の「生活全般の解決すべき課題（ニーズ）」などを踏まえて作成されていることを確認されます。

　参照条文は第13条第12号です（142ページ参照）。

　なお、以下の3項目は、身体的拘束等に関するもので、2024（令和6）年7月に改訂された「**介護保険施設等運営指導マニュアル**」の別添「確認項目及び確認文書」に新たに加わった重要な項目です。

　確認文書は、いずれも「身体的拘束等の記録（身体的拘束等がある場合）」です（128ページ参照）。

【確認項目】生命又は身体を保護するため、緊急やむを得ない場合を除き、身体的拘束等（身体拘束その他利用者の行動を制限する行為を含む）を行っていないか

　利用者に対して身体的拘束等を行っていない場合には、特段の問題はありません。

　ただし、サービス付き高齢者向け住宅等において、居宅介護支援を提供している事業所については、運営指導で詳細に確認されることも想定されますので、注意が必要です。

【確認項目】身体的拘束等を行う場合に要件（切迫性、非代替性、一時性）を全て満たしているか

　仮に身体的拘束等を行う場合の要件については、3つの要件を満たしているかどうかを確認します。新たに一部改正された第13条第2の3号に従って、記録類を確認します（141ページ参照）。

　少なくとも、3つの要件について、研修や事例検討会等により、十分に

理解しておく必要があります。

【確認項目】身体的拘束等を行う場合、その態様及び時間、その際の利用者の心身の状況並びに緊急やむを得ない理由を記録しているか

　身体的拘束等を行う場合として、①身体的拘束等を行う前の利用者の態様、②身体的拘束等を行う時間、③身体的拘束等を行った際の利用者の心身の状況、④身体的拘束等を行わなければならない緊急やむを得ない理由、を記録しておかなければなりません。

　今後、独居や高齢者世帯の利用者が増える傾向があり、身体的拘束等の事案の増加が懸念されます。事業所従業者等に対する研修を実施し、身体的拘束等に関する理解を深めましょう。

　なお、研修等の実施の際は、必ず第13条第2の2号及び第2の3号の内容を確認しましょう（141ページ参照）。

（指定居宅介護支援の具体的取扱方針）

第十三条　指定居宅介護支援の方針は、第一条の二に規定する基本方針及び前条に規定する基本取扱方針に基づき、次に掲げるところによるものとする。

一・二　略

二の二　指定居宅介護支援の提供に当たっては、当該利用者又は他の利用者等の生命又は身体を保護するため緊急やむを得ない場合を除き、身体的拘束その他利用者の行動を制限する行為（以下「身体的拘束等」という。）を行ってはならない。

二の三　前号の身体的拘束等を行う場合には、その態様及び時間、その際の利用者の心身の状況並びに緊急やむを得ない理由を記録しなければならない。

三　略

四　介護支援専門員は、居宅サービス計画の作成に当たっては、利用者の日常生活全般を支援する観点から、介護給付等対象サービス（法第二十四条第二項に規定する介護給付等対象サービスをいう。以下同じ。）以外の保健医療サービス又は福祉サービス、当該地域の住民による自発的な活動によるサービス等の利用も含めて居宅サービス計画上に位置付けるよう努めなければならない。

五　略

六　介護支援専門員は、居宅サービス計画の作成に当たっては、適切な方法により、利用者について、その有する能力、既に提供を受けている指定居宅サービス等のその置かれている環境等の評価を通じて利用者が現に抱える問題点を明らかにし、利用者が自立した日常生活を営むことができるように支援する上で解決すべき課題を把握しなければならない。

七　介護支援専門員は、前号に規定する解決すべき課題の把握（以下「アセスメント」という。）に当たっては、利用者の居宅を訪問し、利用者及びその家族に面接して行わなければならない。この場合において、介護支援専門員は、面接の趣旨を利用者及びその家族に対して十分に説明し、理解を得なければならない。

八　略

九　介護支援専門員は、サービス担当者会議（介護支援専門員が居宅サービス計画の作成のために、利用者及びその家族の参加を基本としつつ、居宅サービス計画の原案に位置付けた指定居宅サービス等の担当者（以下この条において「担当者」という。）を招集して行う会議（テレビ電話装置その他の情報通信機器（以下「テレビ電話装置等」という。）を活用して行うことができるものとする。ただし、利用者又はその家族（以下この号において「利用者等」という。）が参加する場合にあっては、テレビ電話装置等の活用について当該利用者等の同意を得なければならない。）をいう。以下同じ。）の開催により、利用者の状況等に関する情報を担当者と共有するとともに、当該居宅サービス計画の原案の内容について、担当者から、専門的な見地からの意見を求めるものとする。ただし、利用者（末期の悪性腫瘍の患者に限る。）の心身の状況等により、主治の医師又は歯科医師（以下この条において「主治の医師等」という。）の意見を勘案して必要と認める場合その他のやむを得ない理由がある場合については、担当者に対する照会等により意見を求めることができるものとする。

十　介護支援専門員は、居宅サービス計画の原案に位置付けた指定居宅サービス等につ

いて、保険給付の対象となるかどうかを区分した上で、当該居宅サービス計画の原案の内容について利用者又はその家族に対して説明し、文書により利用者の同意を得なければならない。

十一　介護支援専門員は、居宅サービス計画を作成した際には、当該居宅サービス計画を利用者及び担当者に交付しなければならない。

十二　介護支援専門員は、居宅サービス計画に位置付けた指定居宅サービス事業者等に対して、訪問介護計画（指定居宅サービス等の事業の人員、設備及び運営に関する基準（平成十一年厚生省令第三十七号。以下「指定居宅サービス等基準」という。）第二十四条第一項に規定する訪問介護計画をいう。）等指定居宅サービス等基準において位置付けられている計画の提出を求めるものとする。

十三・十三の二　略

十四　介護支援専門員は、第十三号に規定する実施状況の把握（以下「モニタリング」という。）に当たっては、利用者及びその家族、指定居宅サービス事業者等との連絡を継続的に行うこととし、特段の事情のない限り、次に定めるところにより行わなければならない。

イ　少なくとも一月に一回、利用者に面接すること。

ロ　イの規定による面接は、利用者の居宅を訪問することによって行うこと。ただし、次のいずれにも該当する場合であって、少なくとも二月に一回、利用者の居宅を訪問し、利用者に面接するときは、利用者の居宅を訪問しない月においては、テレビ電話装置等を活用して、利用者に面接することができるものとする。

(1)　テレビ電話装置等を活用して面接を行うことについて、文書により利用者の同意を得ていること。

(2)　サービス担当者会議等において、次に掲げる事項について主治の医師、担当者その他の関係者の合意を得ていること。

(i)　利用者の心身の状況が安定していること。

(ii)　利用者がテレビ電話装置等を活用して意思疎通を行うことができること。

(iii)　介護支援専門員が、テレビ電話装置等を活用したモニタリングでは把握できない情報について、担当者から提供を受けること。

ハ　少なくとも一月に一回、モニタリングの結果を記録すること。

十五　介護支援専門員は、次に掲げる場合においては、サービス担当者会議の開催により、居宅サービス計画の変更の必要性について、担当者から、専門的な見地からの意見を求めるものとする。ただし、やむを得ない理由がある場合については、担当者に対する照会等により意見を求めることができるものとする。

イ　要介護認定を受けている利用者が法第二十八条第二項に規定する要介護更新認定を受けた場合

ロ　要介護認定を受けている利用者が法第二十九条第一項に規定する要介護状態区分の変更の認定を受けた場合

十六以下　略

03 指定居宅介護支援等の事業の人員及び運営に関する基準
第2条・3条・7条・18条・19条・19条の2・21条の2

個別サービスの質を確保するための体制に関する事項①

　運営指導で確認される「確認項目及び確認文書」には、2つのカテゴリーがあります（128〜129ページ参照）。

　前節では居宅介護支援の「個別サービスの質に関する事項」を解説しました。本節からもう一方の「**個別サービスの質を確保するための体制に関する事項**」を解説します。運営基準の関連条文が12、具体的な確認項目が計22項目、確認文書は計31点です。

1. 従業者の員数（第2条）

　確認項目は3項目、確認文書は3点です（129ページ参照）。

【確認項目】利用者に対し、従業者の員数は適切であるか

　利用者数に対して、介護支援専門員の員数が適切であるかどうかを確認します。確認文書は、「**従業者の勤務体制及び勤務実績がわかるもの（例：勤務体制一覧表、勤務実績表）**」、「**従業者の勤怠状況がわかるもの（例：タイムカード、勤怠管理システム）**」です。

　勤務体制一覧表とは、「従業者の勤務の体制及び勤務形態一覧表」のことです（92ページ参照）。管理者は、この一覧表を毎月必ず作成することにより、勤務体制を管理していることになります。

【確認項目】必要な資格は有しているか

　確認文書は、「**資格要件に合致していることがわかるもの（例：資格証の写し）**」です。居宅介護支援事業所では、従業者である介護支援専門員の取得資格について、予め取得資格を確認し、個々の資格取得証明証（書）や

第5章　居宅介護支援の確認項目と確認文書

143

研修等の修了証などの複写（コピー）を保管しています。

　しかし、**個々の従業者の取得資格について、いつ、誰が確認したのかわからない事例**が多く見られます。採用時には、管理者が必ず取得資格証明書や研修修了証の原本を確認した上でコピーを取って複写物を保管します。

　なお、その他の注意事項については「訪問介護」と同じですので、96ページを参照してください。

（従業者の員数）

第二条　指定居宅介護支援事業者は、当該指定に係る事業所（以下「指定居宅介護支援事業所」という。）ごとに一以上の員数の指定居宅介護支援の提供に当たる介護支援専門員であって常勤であるものを置かなければならない。

2　前項に規定する員数の基準は、利用者の数（当該指定居宅介護支援事業者が指定介護予防支援事業者の指定を併せて受け、又は法第百十五条の二十三第三項の規定により地域包括支援センターの設置者である指定介護予防支援事業者から委託を受けて、当該指定居宅介護支援事業所において指定介護予防支援（法第五十八条第一項に規定する指定介護予防支援をいう。以下この項及び第十三条第二十六号において同じ。）を行う場合にあっては、当該事業所における指定居宅介護支援の利用者の数に当該事業所における指定介護予防支援の利用者の数に三分の一を乗じた数を加えた数。次項において同じ。）が四十四又はその端数を増すごとに一とする。

3　略

【確認項目】専門員証の有効期限は切れていないか

　介護支援専門員の**有効期間は5年**です。介護支援専門員証には、交付年月日と有効期間満了日が記載されていますので、管理者は各介護支援専門員の**有効期間満了日等**を把握し管理しなければなりません。

2. 管理者（第3条）

　確認項目は1項目、確認文書は3点です（129ページ参照）。

【確認項目】管理者は常勤専従か、他の職務を兼務している場合、兼務体制は適切か

　確認文書は、「管理者の雇用形態がわかるもの」、「管理者の勤務体制及び

勤務実績がわかるもの（例：勤務体制一覧表、勤務実績表）」、「管理者の勤怠状況がわかるもの（例：タイムカード、勤怠管理システム）」の3点です。

　居宅介護支援事業所の管理者が、併設する通所介護や訪問介護などの管理者を兼務する例も多いですが、サ高住等の施設管理も行っている場合があり、兼務の状況については詳しく確認される傾向があります。

　「雇用形態がわかるもの」とは、労働条件通知書や労働契約書などが該当します。労働条件通知書には、被雇用者たる管理者の職務ができる限り詳しく記載されていることが望ましく、職務内容や職位が変更される場合には、新たに労働契約書を交わすか、職務や役職を記載した辞令を発令したり、確認書や覚書等で双方が確認したりした記録を保管しておきます。

　運営指導担当者には、**労働条件通知書や労働契約書などから管理者が常勤かどうかや専従かどうかを確認**されます。他の業務を兼務している場合には、兼務中の職務内容が具体的にわかるようにしておきましょう。

（管理者）
第三条　指定居宅介護支援事業者は、指定居宅介護支援事業所ごとに常勤の管理者を置かなければならない。
2　前項に規定する管理者は、介護保険法施行規則（平成十一年厚生省令第三十六号）第百四十条の六十六第一号イ（3）に規定する主任介護支援専門員（以下この項において「主任介護支援専門員」という。）でなければならない。ただし、主任介護支援専門員の確保が著しく困難である等やむを得ない理由がある場合については、介護支援専門員（主任介護支援専門員を除く。）を前項に規定する管理者とすることができる。
3　第一項に規定する管理者は、専らその職務に従事する者でなければならない。ただし、次に掲げる場合は、この限りでない。
一　管理者がその管理する指定居宅介護支援事業所の介護支援専門員の職務に従事する場合
二　管理者が他の事業所の職務に従事する場合（その管理する指定居宅介護支援事業所の管理に支障がない場合に限る。）

3. 受給資格等の確認（第7条）

確認項目は１項目、確認文書は１点です（129ページ参照）。

【確認項目】被保険者資格、要介護認定の有無、要介護認定の有効期限を確認
しているか

確認文書は、「介護保険番号、有効期限等を確認している記録等」です。

「介護支援経過記録」などの記載内容を確認すると考えられます。また、利用者から提示された被保険者証により、被保険者であることや要介護認定の有効期間を確認し、事業所が被保険者証の写しを保管していることも確認します。

受給者資格等の正しい確認方法とは、介護支援専門員が利用者から直接、被保険者証の提示を受け、その複写物（コピー）を保管することです。利用者の家族等から複写物を受け取ることがないように注意しましょう。

被保険者証の写し（コピー）には、必ず確認した担当介護支援専門員が署名し確認した日付を記載すれば、これで完璧です。さらに、「介護保険番号、有効期限、確認済み」という一文が入っていれば、記録としても十分に管理していることがわかります（100ページ参照）。

4. 運営規程（第18条）

運営規程は最新のものを掲示しましょう。内容が少し古い運営規程を見かけることがありますが、３年に一度の介護報酬改定や５年に一度の制度改正あるいは従業者の増減があった時などには、運営規程を見直して改訂する必要があります。重要事項説明書の内容も同様に改訂します。

なお、2024年度の制度改正では、「『書面掲示』の規制見直し」により、2025（令和７）年度からインターネット上で閲覧ができるよう、事業所内の「書面掲示」に加え、ウェブサイトに掲載することが義務付けられます。

確認項目は１項目、確認文書は、「運営規程」の１点です（129ページ参照）。

【確認項目】運営における以下の重要事項について定めているか

1. 事業の目的及び運営の方針

2. 職員の職種、員数及び職務内容

3. 営業日及び営業時間

4. 指定居宅介護支援の提供方法、内容及び利用料、その他の費用の額

5. 通常の事業の実施地域

6. 虐待の防止のための措置に関する事項

7. その他運営に関する重要事項

　確認項目の「**以下の重要事項**」とは、上記の７項目です。運営基準の条文も同じ内容ですので省略しますが、必ず条文も確認しておきましょう。

　新規に介護事業所を開業する時には、事業者指定の申請を行います。その際に提出する指定申請書類の１つとして、運営規程があります。

　しかし、指定申請の手続きを司法書士や行政書士等に依頼することが多く、運営規程の内容の重要性が認識されないまま、事業所内に掲示してあればよいという理解だけで介護事業が始まるケースもあります。

　また、保険者等が推奨する運営規程のひな形やモデル例を探して、そのまま使っている事業所も多く見受けられます。それらを使う場合には、その内容を十分に精査し、運営実態に合ったものを選択しましょう。

　７項目の１つ目は、「**事業の目的及び運営の方針**」です。下記は横浜市の提供している例です。

参考：運営規定（作成例）

（事業の目的）

第１条　株式会社ABC介護サービス（以下「運営法人」という）が開設するABCケアステーション（以下「事業所」という）が行う指定居宅介護支援の事業（以下「事業」という）の適切な運営を確保するために人員及び管理運営に関する事項を定め、事業所の介護支援専門員が要介護状態にある高齢者に対し、適正な指定居宅介護支援を提供することを目的とする。

（運営の方針）
第２条 当事業所は、利用者の心身の状況、その置かれている環境等に応じて、その利用者が可能な限りその居宅において有する能力に応じ自立した日常生活を営むことができるよう利用者の立場にたった援助を行うものとする。

（横浜市介護事業指導課　令和５年10月版　指定申請書類作成例より）

　運営規程で定めておくべき７項目のうち、２から５までで気を付けたいのは、**重要事項説明書の内容と一致していること**です。従業者の員数や利用料その他の費用の額が変わる場合には、運営規程と重要事項説明書を同時に改訂しましょう。

　６つ目の「**虐待の防止のための措置に関する事項**」は、令和３年度の介護報酬改定で事業所に義務付けられた「虐待の防止」に関する規程です。以下の内容で記載されていることが望ましいので、事前に確認しておきましょう。

参考：運営規定（作成例）

（虐待の防止）
第○条 事業所は、虐待の発生又はその再発を防止するため、次に掲げる措置を講じる。
　一　事業所における虐待の防止のための対策を検討する委員会（テレビ電話装置等を活用して行うことができるものとする。）を定期的に開催するとともに、その結果について、従業者に周知徹底を図ること。
　二　事業所における虐待の防止のための指針を整備すること。
　三　事業所において、従業者に対し、虐待の防止のための研修を定期的に実施すること。
　四　前３号に掲げる措置を適切に実施するための担当者を置くこと。

（横浜市介護事業指導課　令和５年10月版　指定申請書類作成例より）

5. 勤務体制の確保（第19条）

確認項目は３項目、確認文書は４点です（129ページ参照）。

【確認項目】サービス提供は事業所の介護支援専門員・従業者によって行われているか

運営基準第19条第２項に、「…当該指定居宅介護支援事業所の介護支援専門員に指定居宅介護支援の業務を担当させなければならない。」と明記されていることから、確認項目になったと考えられます。

確認文書は、「従業者の勤務体制及び勤務実績がわかるもの（例：勤務体制一覧表、勤務実績表）」、「雇用の形態（常勤・非常勤）がわかるもの」となっており、毎月作成している「従業者の勤務の体制及び勤務形態一覧表」や「労働条件通知書」などが考えられます（93、98ページ参照）。

管理者は、毎月、「従業者の勤務体制及び勤務形態一覧表」を作成することにより、「勤務体制の確保」を確認し、把握していることになります。

【確認項目】資質向上のために研修の機会を確保しているか

確認文書は、「研修の計画及び実績がわかるもの」です。

従業員である介護支援専門員等の資質向上のために必要な研修を計画的に行うには、当然ながら「研修計画書」が必要です。計画書に沿って研修を実施し、管理者が「研修実施記録書」を作成します。

【確認項目】性的言動、優越的な関係を背景とした言動による就業環境が害されることの防止に向けた方針の明確化等の措置を講じているか

確認文書は、「職場におけるハラスメントによる就業環境悪化防止のための方針」です。方針の明確化は、以下の４項目が必要な措置となります。
①ハラスメントの定義・禁止
②相談窓口の設置
③研修と啓発活動

④被害者への配慮

　具体的内容や運営指導担当者の確認点は「第４章　訪問介護」と同様ですので、108ページから参照してください。

（勤務体制の確保）
第十九条　指定居宅介護支援事業者は、利用者に対し適切な指定居宅介護支援を提供できるよう、指定居宅介護支援事業所ごとに介護支援専門員その他の従業者の勤務の体制を定めておかなければならない。
2　指定居宅介護支援事業者は、指定居宅介護支援事業所ごとに、当該指定居宅介護支援事業所の介護支援専門員に指定居宅介護支援の業務を担当させなければならない。ただし、介護支援専門員の補助の業務についてはこの限りでない。
3　指定居宅介護支援事業者は、介護支援専門員の資質の向上のために、その研修の機会を確保しなければならない。
4　指定居宅介護支援事業者は、適切な指定居宅介護支援の提供を確保する観点から、職場において行われる性的な言動又は優越的な関係を背景とした言動であって業務上必要かつ相当な範囲を超えたものにより介護支援専門員の就業環境が害されることを防止するための方針の明確化等の必要な措置を講じなければならない。

---

6. 業務継続計画の策定等（第19条の2）

　確認項目は３項目、確認文書は、「業務継続計画」、「研修の計画及び実績がわかるもの」、「訓練の計画及び実績がわかるもの」の３点です（129ページ参照）。

【確認項目】感染症、非常災害発生時のサービスの継続実施及び早期の業務再開の計画（業務継続計画）の策定及び必要な措置を講じているか

　感染症発生時と非常災害発生時の２つの業務継続計画です。

　感染症、非常災害ともに発生時におけるサービス提供の継続を維持するための方策と、一時的なサービス提供の中断から早期に再開するための方策を計画にまとめます。運営指導担当者は、その内容を確認します。

【確認項目】従業者に対する計画の周知、研修及び訓練を定期的に実施しているか

　事業所内の会議等で計画内容を説明し、周知したことがわかる会議録等を確認します。また、年に1回または2回程度の研修と訓練を開催し、その内容を実施記録として残します。研修や訓練が計画に沿って行われたことを確認します。

研修の内容や頻度について

●研修内容

　研修の内容は、感染症及び災害発生時に係る業務継続計画の具体的内容を従業者間で共有し、平常時の対応の必要性や、緊急時の対応にかかる理解を厳守するものとします。

●研修の開催頻度

　従業者の教育を組織的に浸透させていくために、定期的（年1回以上）な研修を開催します。新規採用時には別に研修を実施することが望ましいです。

　また、研修の実施内容についても記録します。なお、感染症の業務継続計画に係る研修については、感染症の予防及びまん延の防止のための研修と一体的に実施することも差し支えないとされています。

訓練（シミュレーション）の内容や頻度について

●訓練（シミュレーション）内容

　訓練（シミュレーション）においては、感染症や災害が発生した場合において迅速に行動できるよう、業務継続計画に基づき、事業所内の役割分担の確認、感染症や災害が発生した場合に実践するケアマネジメントの演習等を実施します。

●訓練（シミュレーション）の実施頻度

　感染症や災害の発生時を想定して従業者が個々に行動できるよう、定期的（年1回以上）に実施します。

　なお、感染症の業務継続計画に係る訓練については、感染症の予防及びまん延の防止のための訓練と一体的に実施することも差し支えないとされています。

　訓練の実施は、机上を含めその実施手法は問わないものの、机上及び実地で実施するものを適切に組み合わせながら実施することが適切です。

（横浜市2024年2月更新「業務継続計画（BCP）について（介護保険事業者向け）」を基に筆者が編集）

【確認項目】定期的に計画の見直しを行い必要に応じて計画の変更を行っているか

　研修や訓練を実施した結果、計画を見直すべき項目があり、計画の一部を変更し、記録として計画の改訂履歴を記載しましょう。運営指導担当者に、変更された計画の内容を確認されます。

（業務継続計画の策定等）
第十九条の二　指定居宅介護支援事業者は、感染症や非常災害の発生時において、利用者に対する指定居宅介護支援の提供を継続的に実施するための、及び非常時の体制で早期の業務再開を図るための計画（以下「業務継続計画」という。）を策定し、当該業務継続計画に従い必要な措置を講じなければならない。
2　指定居宅介護支援事業者は、介護支援専門員に対し、業務継続計画について周知するとともに、必要な研修及び訓練を定期的に実施しなければならない。
3　指定居宅介護支援事業者は、定期的に業務継続計画の見直しを行い、必要に応じて業務継続計画の変更を行うものとする。

---

7. 感染症の予防及びまん延防止のための措置（第21条の2）

　確認項目は1項目、確認文書は3点です（129ページ参照）。

【確認項目】感染症の発生又はまん延しないよう次の措置を講じているか
・感染症の予防及びまん延の防止のための対策を検討する委員会開催（おおむね6月に1回以上）、その結果の周知
・感染症の予防及びまん延の防止のための指針の整備
・感染症の予防及びまん延の防止のための研修及び訓練の定期実施

　確認文書は、「感染症の予防及びまん延の防止のための対策を検討する委員会の開催状況・結果がわかるもの」、「感染症の予防及びまん延の防止のための指針」、「感染症の予防及びまん延の防止のための研修及び訓練の実施状況・結果がわかるもの」です。
　委員会開催は年2回です。他の部署、他事業所などと合同で委員会を開

催することも可能ですので、必ず開催し、その結果（議事録など）を従業者に周知しましょう。周知した日時、対象者などを記録します。

また、事業所としての感染症予防、まん延防止に対する方針をまとめて文書化し、**指針として整備**しましょう。指針には、策定日や文書責任者名等も記しておきましょう。

委員会と同様に、他の部署、他事業所などと合同で**研修、訓練を実施**し、その実施記録書は、個々の部署、事業所に保管しましょう。

なお、業務継続計画における研修・訓練と一体的に実施することも差し支えないとされています。

（感染症の予防及びまん延の防止のための措置）
第二十一条の二　指定居宅介護支援事業者は、当該指定居宅介護支援事業所において感染症が発生し、又はまん延しないように、次の各号に掲げる措置を講じなければならない。
　一　当該指定居宅介護支援事業所における感染症の予防及びまん延の防止のための対策を検討する委員会（テレビ電話装置等を活用して行うことができるものとする。）をおおむね六月に一回以上開催するとともに、その結果について、介護支援専門員に周知徹底を図ること。
　二　当該指定居宅介護支援事業所における感染症の予防及びまん延の防止のための指針を整備すること。
　三　当該指定居宅介護支援事業所において、介護支援専門員に対し、感染症の予防及びまん延の防止のための研修及び訓練を定期的に実施すること。

04 指定居宅介護支援等の事業の人員及び運営に関する基準
第23条・24条・26条・27条・27条の2

個別サービスの質を確保するための体制に関する事項②

1. 秘密保持等（第23条）

　確認項目は2項目、確認文書は2点です（130ページ参照）。

【確認項目】個人情報の利用に当たり、利用者（利用者の情報）及び家族（利用者家族の情報）から同意を得ているか

　確認文書は、「個人情報の利用に関する同意書」とあります。文書名は、「個人情報使用同意書」または「個人情報利用同意書」などが該当します。

　また、利用者の個人情報と家族の個人情報とでは、その利用の仕方に違いがあるため、**利用者と家族のそれぞれから個人情報の利用（使用）の同意を得ておきましょう。**

【確認項目】退職者を含む、従業者が利用者の秘密を保持することを誓約しているか

　確認文書は、「従業者の秘密保持誓約書」です。介護支援専門員等の従業者を雇用する時に、必ず利用者やその家族の秘密を保持することを厳守するという一文を含む誓約書の提出を受け、万一退職した場合でもその効力が及ぶことを伝えておきましょう。

（秘密保持）
第二十三条　指定居宅介護支援事業所の介護支援専門員その他の従業者は、正当な理由がなく、その業務上知り得た利用者又はその家族の秘密を漏らしてはならない。
2　指定居宅介護支援事業者は、介護支援専門員その他の従業者であった者が、正当な理由がなく、その業務上知り得た利用者又はその家族の秘密を漏らすことのないよう、

必要な措置を講じなければならない。

3　指定居宅介護支援事業者は、サービス担当者会議等において、利用者の個人情報を用いる場合は利用者の同意を、利用者の家族の個人情報を用いる場合は当該家族の同意を、あらかじめ文書により得ておかなければならない。

介護事業全体にICT化を促進する機運が高まり、厚生労働省は事業所、施設の業務の効率化、介護職員等の負担軽減などに寄与する**介護テクノロジーの普及・開発**を進めています。

居宅介護支援事業所に関わる「**ケアプランデータ連携システム等を活用した地域の連携促進**」もその１つです。システムに対する評価等についてはここで論じることは避けますが、今後、地域の介護事業者間の連携を促進していく上では、何らかの仕組みが必要であることに変わりはありません。

問題は、こうした新しい仕組み（システム）が普及していく過程で、個人情報や事業所の様々な機密情報などが漏洩するリスクも高まる恐れがあるということです。

ICT化を進めて、「介護テクノロジーの普及・開発」のメリットばかりが際立っていますが、その裏にあるリスクについても忘れてはなりません。

2. 広告（第24条）

確認項目は１項目、確認文書は２点です（130ページ参照）。

【確認項目】広告は虚偽又は誇大となっていないか

確認文書は、「**パンフレット／チラシ**」と「**Web広告**」で、これまで確認文書の対象ではなかった「Web広告」が加わりました。

事業所によっては、パンフレットやチラシを作成していない場合もありますが、事業所が広告することは運営基準でも認めています。事業所としては、パンフレットやチラシで広告宣伝するだけでなく、潜在的利用者に介護保険制度の利用を促す活動に役立つものも常備しておいた方がよいでしょう。

これらを活用していない事業所の場合には、サービスの利用を検討している要介護者や家族に対し、口頭による説明が多くなり、無意識に「広告は虚偽または誇大になっていないか」に該当する内容を話していたり、そう受け止められてしまう恐れもあります。事業所は自らを守る意味でもパンフレットやチラシが必要ではないでしょうか。

また、最近では多くの介護事業所がホームページを作成し、活用していることも、確認文書に「Web広告」が加わった理由でしょう。

（広告）
第二十四条 指定居宅介護支援事業者は、指定居宅介護支援事業所について広告をする場合においては、その内容が虚偽又は誇大なものであってはならない。

---

3. 苦情処理（第26条）

確認項目は１項目、確認文書は２点です（130ページ参照）。

【確認項目】苦情を受け付けた場合、内容等を記録しているか

確認文書ではありませんが、重要事項説明書等の文書に、苦情の受付窓口の連絡先や担当者名が記載されていると思いますので、電話番号や担当者名に間違いがないか、事前に確認しておきましょう。

また、確認文書には、「苦情の受付簿」、「苦情への対応記録」とあります。事業所として常に苦情を受け付ける体制になっていることを示すため、事業所の誰が、いつ誰から、どのような苦情を受け付けたかがわかるように、「苦情受付一覧表」などを用意しておきましょう。

苦情処理については、介護サービス情報の公表制度における調査票（運営情報）にも、「確認のための材料」が４項目ありますので参考になります。

自治体の運営指導担当者は、公表内容を閲覧していますので、事業所運営の仕組みとして、相談、苦情の対応が機能していることが重要です。

中項目	小項目	確認事項	確認のための材料
3 相談・苦情等の対応のために講じている措置	11 相談・苦情等の対応のための取組の状況	23 ケアマネジメント及び居宅サービス計画書に位置付けたサービスに対する利用者又はその家族からの相談、苦情等に対応する仕組みがある。	29 重要事項を記した文書等利用者に交付する文書に、相談、苦情等対応窓口及び担当者が明記されている。
			30 相談、苦情等対応に関するマニュアル等がある。
		24 相談、苦情等対応の経過を記録している。	31 相談、苦情等対応に関する記録がある。
		25 相談、苦情等対応の結果について、利用者又はその家族に説明している。	32 利用者又はその家族に対する説明の記録がある。

出典：厚生労働省HPより抜粋

●苦情対応をサービス事業者任せにはできない

　次ページの第26条（苦情処理）の第1項の下線部分を確認しましょう。「指定居宅介護支援事業者は、」で始まりますが、具体的には介護支援専門員です。介護支援専門員が提供した居宅介護支援（ケアマネジメント）そのものへの苦情と、ケアプランに位置付けた介護サービスに対する利用者やその家族からの苦情も受け付け、「迅速かつ適切に対応しなければならない」ことになっています。

　特に後者のケアプランに位置付けた介護サービスへの苦情については、利用者やその家族から苦情を受けた後に、当該介護サービス事業者の対応に委ねるだけでは済まされません。介護サービス事業者と一体的に対応することが求められています。介護サービス事業者からの事後報告だけで終わらないよう注意しましょう。

●国民健康保険団体連合会（国保連）の指導・助言

　第6項の下線部分にあるように、利用者やその家族が国保連に苦情を申し立てるケースもあります。その場合に、苦情の内容や苦情の頻度等によっては、国保連が調査することがあります。居宅介護支援事業者はこの調査に協力しなければならないことは当然ですが、国保連からの指導や助言にしたがって、必要な改善が求められます。

（苦情処理）

第二十六条　指定居宅介護支援事業者は、自ら提供した指定居宅介護支援又は自らが居宅サービス計画に位置付けた指定居宅サービス等（第六項において「指定居宅介護支援等」という。）に対する利用者及びその家族からの苦情に迅速かつ適切に対応しなければならない。

2　指定居宅介護支援事業者は、前項の苦情を受け付けた場合は、当該苦情の内容等を記録しなければならない。

3　指定居宅介護支援事業者は、自ら提供した指定居宅介護支援に関し、法第二十三条の規定により市町村が行う文書その他の物件の提出若しくは提示の求め又は当該市町村の職員からの質問若しくは照会に応じ、及び利用者からの苦情に関して市町村が行う調査に協力するとともに、市町村から指導又は助言を受けた場合においては、当該指導又は助言に従って必要な改善を行わなければならない。

4　指定居宅介護支援事業者は、市町村からの求めがあった場合には、前項の改善の内容を市町村に報告しなければならない。

5　指定居宅介護支援事業者は、自らが居宅サービス計画に位置付けた法第四十一条第一項に規定する指定居宅サービス又は法第四十二条の二第一項に規定する指定地域密着型サービスに対する苦情の国民健康保険団体連合会への申立てに関して、利用者に対し必要な援助を行わなければならない。

6　指定居宅介護支援事業者は、指定居宅介護支援等に対する利用者からの苦情に関して国民健康保険団体連合会が行う法第百七十六条第一項第三号の調査に協力するとともに、自ら提供した指定居宅介護支援に関して国民健康保険団体連合会から同号の指導又は助言を受けた場合においては、当該指導又は助言に従って必要な改善を行わなければならない。

7　指定居宅介護支援事業者は、国民健康保険団体連合会からの求めがあった場合には、前項の改善の内容を国民健康保険団体連合会に報告しなければならない。

4. 事故発生時の対応（第27条）

確認項目は3項目、確認文書は3点です（130ページ参照）。

【確認項目】市町村、利用者家族等に連絡しているか

確認文書は、「市町村、利用者家族等への連絡状況がわかるもの」です。市町村への連絡・報告については、保険者としての事故報告に関する取扱要領がありますので、事前に確認しておきましょう。

【確認項目】事故状況、事故に際して採った処置が記録されているか

確認文書は、「事故に際して採った処置の記録」です。

「居宅介護支援経過」には、事故発生の日時やその概要を簡潔に記録し、別に「事故発生対応記録」などを作成し、利用者や家族への書面による報告書として使用することを念頭に記録しておきましょう。

【確認項目】損害賠償すべき事故が発生した場合に、速やかに賠償を行っているか

確認文書は、「損害賠償の実施状況がわかるもの」です。

損害賠償すべき事故とは、相当重大な事故です。しかも居宅介護支援事業所としての損害賠償すべき事故とはどういうものが考えられるか、日頃から調べておく必要があります。

明らかにケアプランの不備が原因で発生する事故や、サービス担当者との連携不足等によって起こる事故などで損害賠償を求められた場合を想定して、損害賠償責任保険等の仕組みを把握し理解しておきましょう。

2024年7月の「運営指導マニュアル」改訂以前は、確認文書として「事故発生時対応マニュアル」や「再発防止策の検討記録」を求めていましたが、保険者はこの2点が事業所にあることを前提に運営指導を実施していると考えるべきです。

したがって、「事故発生時対応マニュアル」は現在も必要です。

マニュアルは、あればよいというものではなく、「もしもの時」にマニュアル通りに対応できる状態になっていなければなりません。

居宅介護支援事業の場合には、介護支援専門員が直接的に事故発生時に遭遇することは少ないと考えられます。ケアプランに位置付けている居宅サービスを利用中に、利用者が事故に遭う場合を想定したマニュアルである必要があります。**事故発生の概要を把握する手順や、当事者であるサービス事業者とともに対応するための手順や連携方法などを含めたマニュアルということです。**

事故が起これば、その後に必ず事故報告書等をもとに再発防止策を検討するということになります。管理者が中心となり、そのための会議を開き、その議事録を残しましょう。

（事故発生時の対応）
第二十七条　指定居宅介護支援事業者は、利用者に対する指定居宅介護支援の提供により事故が発生した場合には速やかに市町村、利用者の家族等に連絡を行うとともに、必要な措置を講じなければならない。
2　指定居宅介護支援事業者は、前項の事故の状況及び事故に際して採った処置について記録しなければならない。
3　指定居宅介護支援事業者は、利用者に対する指定居宅介護支援の提供により賠償すべき事故が発生した場合には、損害賠償を速やかに行わなければならない。

5. 虐待の防止（第27条の2）

　2024年（令和6）7月に一部改訂された「介護保険施設等運営指導マニュアル」の別添「確認項目及び確認文書」に新たに追加された項目です。

　近年、増加している虐待事案(124ページ参照)に対する措置として、2021（令和3）年には、運営基準にも条文が追加されました。

　確認項目は2項目、確認文書は4点です（130ページ参照）。

　なお、具体的内容に関しては、「第4章　訪問介護」の「5.虐待の防止（第37条の2）」（121ページ）と同様ですので、そちらを参照してください。ここでは条文のみを表示します。

（虐待の防止）
第二十七条の二　指定居宅介護支援事業者は、虐待の発生又はその再発を防止するため、次の各号に掲げる措置を講じなければならない。
　一　当該指定居宅介護支援事業所における虐待の防止のための対策を検討する委員会（テレビ電話装置等を活用して行うことができるものとする。）を定期的に開催するとともに、その結果について、介護支援専門員に周知徹底を図ること。
　二　当該指定居宅介護支援事業所における虐待の防止のための指針を整備すること。
　三　当該指定居宅介護支援事業所において、介護支援専門員に対し、虐待の防止のための研修を定期的に実施すること。
　四　前三号に掲げる措置を適切に実施するための担当者を置くこと。

第6章

介護老人福祉施設の
確認項目と
確認文書

01 介護老人福祉施設の運営指導実施率は19.5%（令和4年度）と最も高い

介護老人福祉施設の確認項目と確認文書をチェックする

介護事業所・施設の中で最も確認項目が多い

　介護老人福祉施設（特別養護老人ホーム）は、要介護高齢者が介護サービスを受けながら生活する居住施設でもあり、事業者側は当然のことながら24時間365日の切れ目のない対応を求められることから、介護事業所・施設の中で最も確認項目が多く、また実施率も最も高くなっています。

　確認項目は、「**指定介護老人福祉施設の人員、設備及び運営に関する基準**」（平成11年厚生省令第39号）に基づいて構成されていますので、これまで以上に「運営基準」を正しく理解しておくことが求められます。

　以下、項目ごとに見ていきますが、第4章の「訪問介護」と重複する項目も少なくありませんので、その部分は適宜省略いたします。該当箇所については訪問介護の章をご参照ください。

●「LIFEを活用した質の高い介護」へ

　厚生労働省は、2024（令和6）年度の介護報酬改定・制度改正後も、さらなる**科学的介護情報システム（LIFE）**の普及やシステム構築を進めています。

　ケアの質を向上させるには、利用者の意向をふまえ設定した目標や過ごし方の希望に対し、**計画➡実行➡評価➡改善を繰り返す、PDCAサイクルの実践**が重要です。LIFEでは、介護施設・事業所で記録されている様々な情報のうち、利用者の状態やケアの計画・内容などの情報を収集し、集まった全国のデータに基づいてフィードバックを提供します。

　介護事業者が、「LIFEを活用した質の高い介護」を目指す上で欠かせないのは、ICT化です。デジタル・データのやり取りが日常的に行われるようになり、運営指導の指導形態も変わりつつあります。

個別サービスの質に関する事項

確認項目		確認文書	頁
設備 (第3条、第40条)	○指定申請時（更新時含む）又は直近の変更届の平面図に合致しているか【目視】 ○使用目的に沿って使われているか【目視】	◆平面図（行政機関側が保存しているもの）	167
内容及び手続の説明及び同意 (第4条)	○入所（入居）申込者又はその家族への説明を行い、同意を得ているか ○重要事項説明書の内容に不備等はないか	◆重要事項説明書（入所（入居）申込者又は家族の同意があったことがわかるもの） ◆入所契約書	169
入退所 (第7条)	○サービスを受ける必要性が高いと認められる入所（入居）申込者を優先的に入所させているか ○入所（入居）者の心身の状況、生活歴、病歴等の把握に努めているか ○入所（入居）者が居宅において日常生活を営むことができるか、多職種（生活相談員、介護職員、看護職員、介護支援専門員等）で定期的に協議・検討しているか	◆アセスメントの結果がわかるもの ◆モニタリングの結果がわかるもの ◆施設サービス計画 ◆入所検討委員会会議録	172
サービスの提供の記録 (第8条)	○提供した具体的なサービスの内容等（サービスの提供日、提供したサービスの内容、入所（入居）者の心身の状況、その他必要な事項）を記録しているか	◆サービス提供記録 ◆モニタリングの結果がわかるもの	174
指定介護福祉施設サービスの取扱方針 (第11条、第42条)	○生命又は身体を保護するため、緊急やむを得ない場合を除き、身体的拘束等（身体拘束その他利用者の行動を制限する行為を含む）を行っていないか ○身体的拘束等を行う場合に要件（切迫性、非代替性、一時性）を全て満たしているか ○身体的拘束等を行う場合、その態様及び時間、その際の利用者の心身の状況並びに緊急やむを得ない理由を記録しているか ○身体的拘束等の適正化のための対策を検討する委員会を3月に1回以上開催しているか ○身体的拘束等の適正化のための指針を整備しているか ○介護職員その他従業者に対し、身体的拘束等の適正化のための研修を定期的に開催しているか	◆身体的拘束等の記録（身体的拘束等がある場合） ◆身体的拘束等の適正化のための指針 ◆身体的拘束等の適正化検討委員会の開催状況及び結果がわかるもの ◆身体的拘束等の適正化のための研修の開催状況及び結果がわかるもの	175
施設サービス計画の作成 (第12条)	○入所（入居）者の有する能力、その置かれている環境等を踏まえているか ○アセスメントのため、入所（入居）者及びその家族に面接しているか ○サービス担当者会議等により専門的意見を聴取しているか	◆施設サービス計画（入所（入居）者又は家族の同意があったことがわかるもの） ◆アセスメントの結果がわかるもの ◆サービス提供記録 ◆モニタリングの結果がわかるもの	179

第6章　介護老人福祉施設の確認項目と確認文書

	確認項目	確認文書	頁
	○施設サービス計画を本人や家族に説明し、文書により同意を得ているか ○定期的にモニタリングを行い、結果を記録しているか		
介護 （第13条、第43条）	○入浴回数は適切か、褥瘡予防体制は整備されているか	◆サービス提供記録	181
栄養管理 （第17条の2）	○各入所（入居）者の状態に応じた栄養管理を計画的に行っているか	◆栄養ケア計画 ◆栄養状態の記録	183
口腔衛生の管理 （第17条の3）	○各入所（入居）者の状態に応じた口腔衛生の管理を計画的に行っているか	◆口腔衛生の管理計画	184

個別サービスの質を確保するための体制に関する事項

	確認項目	確認文書	頁
従業者の員数 （第2条）	○入所（入居）者に対し、従業者の員数は適切であるか ○必要な専門職が配置されているか ○必要な資格を有しているか	◆従業者の勤務体制及び勤務実績がわかるもの（例：勤務体制一覧表、勤務実績表） ◆従業者の勤怠状況がわかるもの（例：タイムカード、勤怠管理システム） ◆資格要件に合致していることがわかるもの（例：資格証の写し）	186
受給資格等の確認 （第5条）	○被保険者資格、要介護認定の有無、要介護認定の有効期限を確認しているか	◆介護保険番号、有効期限等を確認している記録等	189
利用料等の受領 （第9条、第41条）	○入所（入居）者からの費用徴収は適切に行われているか ○領収書を発行しているか	◆請求書 ◆領収書	189
入所者の入院期間中の取扱い （第19条）	○概ね3か月以内に退院することが明らかに見込まれるときに適切な便宜を供与しているか	◆サービス提供記録	191
緊急時等の対応 （第20条の2）	○配置医師との連携方法その他の緊急時等における対応方法が定められているか ○当該対応方法は年1回以上見直されているか	◆緊急時等における対応方法を定めたもの	191
管理者による管理 （第21条）	○管理者は常勤専従か、他の職務を兼務している場合、兼務体制は適切か	◆管理者の雇用形態がわかるもの ◆管理者の勤務体制及び勤務実績がわかるもの（例：勤務体制一覧表、勤務実績表） ◆管理者の勤怠状況がわかるもの（例：タイムカード、勤怠管理システム）	193
運営規程 （第23条、第46条）	○運営における以下の重要事項について定めているか 1.施設の目的及び運営の方針 2.従業者の職種、員数及び職務の内容 3.入所定員 4.入所者に対する指定介護福祉施設サービスの内容及び利用料、その他の費	◆運営規程	194

	用の額 5.施設の利用に当たっての留意事項 6.緊急時等における対応方法 7.非常災害対策 8.虐待の防止のための措置に関する事項 9.その他施設の運営に関する重要事項 （ユニット型） 1.施設の目的及び運営の方針 2.従業者の職種、員数及び職務の内容 3.入居定員 4.ユニットの数及びユニットごとの入居定員 5.入居者に対する指定介護福祉施設サービスの内容及び利用料その他の費用の額 6.施設の利用に当たっての留意事項 7.緊急時等における対応方法 8.非常災害対策 9.虐待の防止のための措置に関する事項 10.その他施設の運営に関する重要事項		
勤務体制の確保等 （第24条、第47条）	○サービス提供は施設の従業者によって行われているか ○入所（入居）者の処遇に直接影響する業務を委託していないか ○資質向上のために研修の機会を確保しているか ○認知症介護に係る基礎的な研修を受講させるため必要な措置を講じているか ○性的言動、優越的な関係を背景とした言動による就業環境が害されることの防止に向けた方針の明確化等の措置を講じているか	◆従業者の勤務体制及び勤務実績がわかるもの（例：勤務体制一覧表、勤務実績表） ◆雇用の形態（常勤・非常勤）がわかるもの ◆研修の計画及び実績がわかるもの ◆職場におけるハラスメントによる就業環境悪化防止のための方針	199
業務継続計画の策定等 （第24条の2）	○感染症、非常災害発生時のサービスの継続実施及び早期の業務再開の計画（業務継続計画）の策定及び必要な措置を講じているか ○従業者に対する計画の周知、研修及び訓練を定期的に実施しているか ○定期的に計画の見直しを行い必要に応じて計画の変更を行っているか	◆業務継続計画 ◆研修の計画及び実績がわかるもの ◆訓練の計画及び実績がわかるもの	201
定員の遵守 （第25条、第48条）	○入所定員（又はユニット毎の入居定員）を上回っていないか	◆国保連への請求書控え	203
非常災害対策 （第26条）	○非常災害（火災、風水害、地震等）に対する具体的計画はあるか ○非常災害時の関係機関への通報及び連携体制は整備されているか ○避難・救出等の訓練を定期的に実施しているか	◆非常災害時の対応計画 　（管轄消防署へ届け出た消防計画（風水害、地震対策含む）又はこれに準ずる計画） ◆運営規程 ◆避難・救出等訓練の実施状況がわかるもの	203

		◆通報、連絡体制がわかるもの	
衛生管理等 （第27条）	○感染症又は食中毒が発生し、まん延しないよう次の措置を講じているか ・感染症及び食中毒の予防・まん延の防止のための対策を検討する委員会開催（おおむね3月に1回以上）、その結果の周知 ・感染症及び食中毒の予防・まん延の防止のための指針の整備 ・感染症及び食中毒の予防・まん延の防止のための研修及び訓練の定期実施	◆感染症及び食中毒の予防・まん延の防止のための対策を検討する委員会の開催状況・結果がわかるもの ◆感染症及び食中毒の予防・まん延の防止のための指針 ◆感染症及び食中毒の予防・まん延の防止のための研修及び訓練の実施状況・結果がわかるもの	205
秘密保持等 （第30条）	○個人情報の利用に当たり、入所（入居）者から同意を得ているか ○退職者を含む、従業者が入所（入居）者の秘密を保持することを誓約しているか	◆個人情報の使用に関する同意書 ◆従業者の秘密保持誓約書	206
広告 （第31条）	○広告は虚偽又は誇大となっていないか	◆パンフレット／チラシ ◆web 広告	207
苦情処理 （第33条）	○苦情受付の窓口を設置するなど、必要な措置を講じているか ○苦情を受け付けた場合、内容等を記録、保管しているか	◆苦情の受付簿 ◆苦情への対応記録	208
事故発生の防止及び発生時の対応 （第35条）	○事故発生の防止のための指針を整備しているか ○市町村、入所（利用）者家族等に連絡しているか ○事故状況、事故に際して採った処置が記録されているか ○損害賠償すべき事故が発生した場合に、速やかに賠償を行っているか ○事故発生の防止のための委員会及び従業者に対する研修を定期的に行っているか ○上記の措置を適切に実施するための担当者を置いているか	◆事故発生の防止のための指針 ◆市町村、入所（居住）者家族等への連絡状況がわかるもの ◆事故に際して採った処置の記録 ◆損害賠償の実施状況がわかるもの ◆事故発生防止のための委員会の開催状況及び結果がわかるもの ◆研修の計画及び実績がわかるもの ◆担当者を置いていることがわかるもの	210
虐待の防止 （第35条の2）	○虐待の発生又はその再発を防止するため次の措置を講じているか ・虐待の防止のための対策を検討する委員会の定期開催及びその結果の介護職員その他の従業者への周知 ・虐待の防止のための指針の整備 ・虐待の防止のための研修の定期実施 ○上記の措置を適切に実施するための担当者を置いているか	◆虐待の防止のための対策を検討する委員会の開催状況及び結果がわかるもの ◆虐待の防止のための指針 ◆虐待の防止のための研修の計画及び実績がわかるもの ◆担当者を置いていることがわかるもの	212
介護現場の生産性の向上（第35条の3） ※令和9年3月31日まで努力義務	○入所者の安全並びに介護サービスの質の確保及び職員の負担軽減に資する方策を検討するための委員会を定期的に開催しているか	◆生産性向上のための委員会の開催状況がわかるもの	215

注） 確認項目の条項は「指定介護老人福祉施設の人員、設備及び運営に関する基準（平成11年厚生省令第39号）」から抽出・設定したもの

02 指定介護老人福祉施設の人員、設備及び運営に関する基準
第3条・40条・4条・7条・8条・11条・42条

個別サービスの質に関する事項①

　運営指導で確認される「確認項目及び確認文書」には、2つのカテゴリーがあります（163〜164ページ参照）。

　1つは「**個別サービスの質に関する事項**」で、「指定介護老人福祉施設の人員、設備及び運営に関する基準」（以下「運営基準」という。）の関連条文が12、具体的な確認項目が計22項目、確認文書は計21点です。

　もう1つは、186ページ以降で解説する「**個別サービスの質を確保するための体制に関する事項**」で、運営基準の関連条文が22、具体的な確認項目が計38項目、確認文書は計45点です。

1. 設備（第3条、第40条）

　確認項目は2項目、確認文書は、「平面図（行政機関側が保存しているもの）」の1点です（163ページ参照）。

【確認項目】指定申請時（更新時含む）又は直近の変更届の平面図に合致しているか【目視】

　施設内各階が平面図通りのレイアウトになっていることを、自治体の運営指導担当者が**目視**で確認します。指定申請時またはその後の更新時、変更時の最新の平面図を基に確認されますので、施設側も事前に平面図と施設内のレイアウトが合致していることを確かめておきましょう。

【確認項目】使用目的に沿って使われているか【目視】

　運営指導担当者が所定の設備や備品等を「**目視**」で確認します。

　運営基準の第3条（設備）に従い、居室や機能訓練室（兼食堂）、静養室、

相談室及び医務室などの広さやその状態を一通り確認されます。

「使用目的に沿った仕様となっているか」ということですから、例えば廊下や中廊下に物が置いてあったりして、規程の幅より狭くなっているようなことがないよう注意が必要です。

相談室の広さや相談者のプライバシーを保護できる状態であることなども確認されます。なお、ユニット型の場合は、本書では省略していますが、運営基準第40条の内容を確認してください。

（設備）
第三条　指定介護老人福祉施設の設備の基準は、次のとおりとする。
　一　居室
　　イ　一の居室の定員は、一人とすること。ただし、入所者への指定介護福祉施設サービスの提供上必要と認められる場合は、二人とすることができる。
　　ロ　入所者一人当たりの床面積は、十・六五平方メートル以上とすること。
　　ハ　ブザー又はこれに代わる設備を設けること。
　二　静養室　介護職員室又は看護職員室に近接して設けること。
　三　浴室　要介護者が入浴するのに適したものとすること。
　四　洗面設備
　　イ　居室のある階ごとに設けること。
　　ロ　要介護者が使用するのに適したものとすること。
　五　便所
　　イ　居室のある階ごとに居室に近接して設けること。
　　ロ　ブザー又はこれに代わる設備を設けるとともに、要介護者が使用するのに適したものとすること。
　六　医務室
　　イ　医療法（昭和二十三年法律第二百五号）第一条の五第二項に規定する診療所とすること。
　　ロ　入所者を診療するために必要な医薬品及び医療機器を備えるほか、必要に応じて臨床検査設備を設けること。
　七　食堂及び機能訓練室
　　イ　それぞれ必要な広さを有するものとし、その合計した面積は、三平方メートルに入所定員を乗じて得た面積以上とすること。ただし、食事の提供又は機能訓練を行う場合において、当該食事の提供又は機能訓練に支障がない広さを確保することができるときは、同一の場所とすることができる。
　　ロ　必要な備品を備えること。
　八　廊下幅一・八メートル以上とすること。ただし、中廊下の幅は、二・七メートル以上とすること。
　九　消火設備その他の非常災害に際して必要な設備を設けること。
２　前項各号に掲げる設備は、専ら当該指定介護老人福祉施設の用に供するものでなければならない。ただし、入所者の処遇に支障がない場合は、この限りでない。

2. 内容及び手続の説明及び同意（第4条）

確認項目は２項目、確認文書は２点です（163ページ参照）。

【確認項目】入所（入居）申込者又はその家族への説明を行い、同意を得ているか

「**説明**」とは、入所申込者（契約締結までは「入所申込者」です。）やその家族への重要事項説明書・入所契約書の内容の懇切丁寧な説明であり、入所申込者やその家族が説明を受けた内容を理解し、同意した証として署名します。

確認文書は、「**重要事項説明書（入所（入居）申込者又は家族の同意があったことがわかるもの）**」と「**入所契約書**」です。この２点を確認する際に、両者の整合性を精査する可能性があります。施設によっては、インターネットで簡単に重要事項説明書や利用契約書のひな形やサンプル（見本）を取り込んで、自施設の文書を作成している例がありますが、今一度、内容を見直しておきましょう。

保険者等が特に注意を促しているのは、「入所申込者及びサービス事業者双方を保護する観点から、入所開始前に『入所契約書』等の書面を交わして、契約内容の確認を得てください。」ということですので、これを厳守しましょう。

入所申込者の同意については、これまで署名、捺印を原則としてきましたが、押印廃止により**署名だけで可**とになりました。しかし、要介護高齢者の多くは、押印不要が理解できていない場合もあります。入所申込者やその家族が捺印したいという意向がある場合には、これを尊重しましょう。

次ページは、大阪府枚方市作成の重要事項説明書モデル例（令和６年５月30日掲示）の署名欄です。

重要事項説明書の署名欄（大阪府枚方市の例）

19　重要事項説明の年月日

この重要事項説明書の説明年月日	年　　　　月　　　　日

上記内容について、「枚方市指定介護老人福祉施設の指定並びに人員、設備及び運営に関する基準を定める上程（平成 25 年枚方市条例第 50 号）」の規定に基づき、入所者に説明を行いました。

事業者	所　在　地	
	法　人　名	
	代　表　者　名	
	事　業　所　名	
	説　明　者　氏　名	

事業者から上記の内容の説明を受け、内容について同意し、重要事項説明書の交付を受けました。

入所者	住　所	
	氏　名	

代理人	住　所	
	氏　名	

（メモ）

　この重要事項説明書の内容説明に基づき、この後、契約を締結する場合には入所者及び事業者の双方が、事前に契約内容の確認を行った旨を文書で確認するため、入所者及び事業者の双方が署名又は記名（必要に応じて押印）を行います。

　サービス提供を行うに際しては、介護保険の給付を受ける入所者本人の意思に基づくものでなければならないことはいうまでもありません。

　したがって、重要事項の説明を受けること及びその内容に同意し、かつサービス提供契約を締結することは、入所者本人が行うことが原則です。

　しかしながら、本人の意思に基づくものであることが前提であるが、入所者が契約によって生じる権利義務の履行を行い得る能力（行為能力）が十分でない場合は、代理人（法定代理人・任意代理人）を選任し、これを行うことができます。

　なお、任意代理人については、本人の意思や立場を理解しうる立場の者（たとえば同居親族や近縁の親族など）であることが望ましいものと考えます。

　なお手指の障害などで、単に文字が書けないなどといった場合は、入所者氏名欄の欄外に、署名を代行した旨、署名した者の続柄、氏名を付記することで差し支えないものと考えます。

（例）

入所者	住　所	大阪府〇〇市△△町１丁目１番１号
	氏　名	枚　方　太　郎
		上記署名は、楠葉　花子（子）が代行しました。

出典：大阪府枚方市「モデル重要事項説明書（介護老人福祉施設）」より抜粋

【確認項目】重要事項説明書の内容に不備等はないか

　入所契約を交わす前に重要事項説明書の内容を説明し、入所申込者やその家族の同意を得て、1通を交付します。その重要事項説明書の内容に不備等がないかを確認します。

　入所契約書との整合性については、これまで以上に詳細に確認されると思われます。前述の入所申込者とその家族の署名については、代理人の解釈や理解が曖昧な重要事項説明書を見かけることがありますので、十分に精査しておきましょう。

　また、施設内に掲示している運営規程の内容と重要事項説明書の内容に相違がないよう、見直し・更新の際は両者を同時に行いましょう。

　見直しの前に該当する運営基準の内容をよく理解しておく必要があります。第4条は特に長文のため、第1項・2項のみ掲載しますが、必ず全文を確認してください。特に第2項では、下線の部分がありますので、パソコンを利用しファイルで入所申込者やその家族に提供することも可能です。

（内容及び手続の説明及び同意）

第四条　指定介護老人福祉施設は、指定介護福祉施設サービスの提供の開始に際しては、あらかじめ、入所申込者又はその家族に対し、第二十三条に規定する運営規程の概要、従業者の勤務の体制その他の入所申込者のサービスの選択に資すると認められる重要事項を記した文書を交付して説明を行い、当該提供の開始について入所申込者の同意を得なければならない。

2　指定介護老人福祉施設は、入所申込者又はその家族からの申出があった場合には、前項の規定による文書の交付に代えて、第五項で定めるところにより、当該入所申込者又はその家族の承諾を得て、当該文書に記すべき重要事項を電子情報処理組織を使用する方法その他の情報通信の技術を利用する方法であって次に掲げるもの（以下この条において「電磁的方法」という。）により提供することができる。この場合において、当該指定介護老人福祉施設は、当該文書を交付したものとみなす。

一　電子情報処理組織を使用する方法のうちイ又はロに掲げるもの

　イ　指定介護老人福祉施設の使用に係る電子計算機と入所申込者又はその家族の使用に係る電子計算機とを接続する電気通信回線を通じて送信し、受信者の使用に係る電子計算機に備えられたファイルに記録する方法

　ロ　指定介護老人福祉施設の使用に係る電子計算機に備えられたファイルに記録された前項に規定する重要事項を電気通信回線を通じて入所申込者又はその家族の閲覧に供し、当該入所申込者又はその家族の使用に係る電子計算機に備えら

> れたファイルに当該重要事項を記録する方法（電磁的方法による提供を受ける旨
> の承諾又は受けない旨の申出をする場合にあっては、指定介護老人福祉施設の使
> 用に係る電子計算機に備えられたファイルにその旨を記録する方法）
> 二　電磁的記録媒体（電磁的記録（電子的方式、磁気的方式その他人の知覚によって
> は認識することができない方式で作られる記録であって、電子計算機による情報処
> 理の用に供されるものをいう。第五十条第一項において同じ。）に係る記録媒体を
> いう。）をもって調製するファイルに前項に規定する重要事項を記録したものを交
> 付する方法

3. 入退所（第7条）

確認項目は3項目、確認文書は4点です（163ページ参照）。

【確認項目】サービスを受ける必要性が高いと認められる入所（入居）申込者を優先的に入所させているか

入所検討委員会では、入所基準に基づいて利用申込者について、入所の必要性を検討します。その検討過程が記録された議事録（会議録）を確認します。確認文書は、「入所検討委員会会議録」です。

【確認項目】入所（入居）者の心身の状況、生活歴、病歴等の把握に努めているか

確認文書は、「アセスメントの結果がわかるもの」、「施設サービス計画」です。

運営指導担当者は、「アセスメントの結果がわかるもの」として、アセスメントシートとこれを基に作成された「施設サービス計画」を確認するものと考えられます。

運営基準第7条第3項には、「入所申込者の入所に際しては〜（中略）〜その者の心身の状況、生活歴、病歴、指定居宅サービス等の利用状況等の把握に努めなければならない。」とあります。

具体的には、これまで利用していた居宅介護支援事業所の介護支援専門員から直接話を聞き、ケアプランやサービス計画書等の内容にも目を通し

て入所申込者の心身の状況、生活歴、病歴等を把握し、アセスメントシートに記録しましょう。

【確認項目】入所（入居）者が居宅において日常生活を営むことができるか、多職種（生活相談員、介護職員、看護職員、介護支援専門員等）で定期的に協議・検討しているか

確認文書は、「モニタリングの結果がわかるもの」ですが、「施設サービス計画」といっしょに確認するでしょう。

下の表を見ると、在宅復帰支援機能加算の算定率は0.02％で、請求事業所数は２となっています。現状では、入所者が在宅復帰するための「在宅復帰支援機能加算」や「在宅・入所相互利用加算」を算定する施設はほとんどありません。

介護老人福祉施設における算定状況（抜粋）

介護福祉施設サービス 令和4年10月サービス提供分	単位数(単位:千単位)	割合(単位数ベース)	件数(単位:千件)	算定率(件数ベース)	請求事業所数	算定率(事業所ベース)
	総数 16,984,714		総数 16,961		総数 8,399	
	16,984,714	100.00%	16,961	100.00%	8,399	100.00%
介護福祉施設	7,351,895	43.29%	9438.8	55.65%	4,711	56.09%
在宅復帰支援機能加算	69	0.00%	6.9	0.04%	2	0.02%
在宅・入所相互利用加算	9	0.00%	0.2	0.00%	6	0.07%

出典:厚生労働省「介護給付費等実態統計」(令和4年10月サービス提供)より

なお、運営基準第７条（入退所）の第４項、５項は、「入所者が居宅において日常生活を営むことができるか」について、定期的に検討しなければならないとしています。つまり「**義務**」です。

したがって、事実上不可能であっても、居宅での日常生活の可能性を定期的に協議・検討した内容を記録に残しましょう。

（入退所）
第七条　指定介護老人福祉施設は、身体上又は精神上著しい障害があるために常時の介護を必要とし、かつ、居宅においてこれを受けることが困難な者に対し、指定介護福祉施設サービスを提供するものとする。
２　指定介護老人福祉施設は、入所申込者の数が入所定員から入所者の数を差し引いた数を超えている場合には、介護の必要の程度及び家族等の状況を勘案し、指定介護福

祉施設サービスを受ける必要性が高いと認められる入所申込者を優先的に入所させ
るよう努めなければならない。
3　指定介護老人福祉施設は、入所申込者の入所に際しては、その者に係る居宅介護支
援事業者に対する照会等により、その者の心身の状況、生活歴、病歴、指定居宅サー
ビス等（法第八条第二十四項に規定する指定居宅サービス等をいう。以下同じ。）の
利用状況等の把握に努めなければならない。
4　指定介護老人福祉施設は、入所者の心身の状況、その置かれている環境等に照らし、
その者が居宅において日常生活を営むことができるかどうかについて定期的に検討
しなければならない。
5　前項の検討に当たっては、生活相談員、介護職員、看護職員、介護支援専門員等の
従業者の間で協議しなければならない。
6　指定介護老人福祉施設は、その心身の状況、その置かれている環境等に照らし、居
宅において日常生活を営むことができると認められる入所者に対し、その者及びその
家族の希望、その者が退所後に置かれることとなる環境等を勘案し、その者の円滑な
退所のために必要な援助を行わなければならない。
7　指定介護老人福祉施設は、入所者の退所に際しては、居宅サービス計画の作成等の
援助に資するため、居宅介護支援事業者に対する情報の提供に努めるほか、保健医療
サービス又は福祉サービスを提供する者との密接な連携に努めなければならない。

4. サービスの提供の記録（第8条）

確認項目は1項目、確認文書は2点です（163ページ参照）。

**【確認項目】提供した具体的なサービスの内容等（サービスの提供日、提供し
たサービスの内容、入所（入居）者の心身の状況、その他必要な
事項）を記録しているか**

最近はほとんど見かけなくなりましたが、「いつもとお変わりなくお過ご
しでした。」というような記録では、入所（入居）者の心身の状況等を観察
しているとは言えません。少なくとも、「体調を崩していた先週よりも言葉
数が増えて、体調が回復しているようです。」というように、見た目の判断
だけでなく、わずかな会話から受け止めた状況を記録しましょう。

確認文書は、「**サービス提供記録**」や「**モニタリングの結果がわかるも
の**」です。

日々の「サービス提供記録」の内容と定期的なサービス実施状況の把握

を記録した「モニタリングシート」（モニタリング記録）で、入所（入居）者の心身の状況などの観察から十分に把握できているかを判断するものと考えられます。特に、「判断した具体的なサービスの内容等」を、5W1Hで記録することが基本です。

> （サービスの提供の記録）
> 第八条　指定介護老人福祉施設は、入所に際しては入所の年月日並びに入所している介護保険施設の種類及び名称を、退所に際しては退所の年月日を、当該者の被保険者証に記載しなければならない。
> 2　指定介護老人福祉施設は、指定介護福祉施設サービスを提供した際には、提供した具体的なサービスの内容等を記録しなければならない。

5. 指定介護福祉施設サービスの取扱方針（第11条、第42条）

確認項目は6項目、確認文書は4点です（163ページ参照）。

【確認項目】生命又は身体を保護するため、緊急やむを得ない場合を除き、身体的拘束等（身体拘束その他利用者の行動を制限する行為を含む）を行っていないか

　一般的に介護保険施設では、重度の要介護者を多く受け入れるようになり、入所（入居）者の安全確保のために身体的拘束が行われることがありますが、厳格なルールの下でできる限り行わないよう努める必要があります。やむを得ず身体的拘束等を行った場合には、その記録を詳細に記載しておきましょう。

　利用者に対して身体的拘束等を行っていない場合には、特段の問題はありません。

【確認項目】身体的拘束等を行う場合に要件（切迫性、非代替性、一時性）を全て満たしているか

　仮に身体的拘束等を行う場合の要件については、切迫性、非代替性、一時性の3つの要件を満たしているかどうかを確認します。新たに一部改正

された運営基準第11条第4項〜第6項に従って、記録類を確認します。

　少なくとも3要件について、研修や事例検討会等により十分に理解しておく必要があります。

【確認項目】身体的拘束等を行う場合、その態様及び時間、その際の利用者の心身の状況並びに緊急やむを得ない理由を記録しているか

　身体的拘束等を行う場合として、①身体的拘束等を行う前の利用者の態様、②身体的拘束等を行う時間、③身体的拘束等を行った際の利用者の心身の状況、④身体的拘束等を行わなければならない緊急やむを得ない理由、を記録しておかなければなりません。

　今後、認知症等の入所者が増加する傾向があり、身体的拘束等の適正化について、介護職員等に対して日常的な業務における指導を継続する必要があるでしょう。

【確認項目】身体的拘束等の適正化のための対策を検討する委員会を3月に1回以上開催しているか

　3か月に1回の委員会開催は、他の部署、他の事業所、施設などと合同で開催することも可能ですので、必ず開催し、その結果（議事録など）を介護職員等に周知しましょう。周知した日時、対象者なども記録します。

【確認項目】身体的拘束等の適正化のための指針を整備しているか

　介護老人福祉施設としての身体的拘束等の適正化に対する方針をまとめて文書化し、「**指針**」として整備しましょう。指針には、策定日や文書責任者名等も記しておきましょう。

【確認項目】介護職員その他従業者に対し、身体的拘束等の適正化のための研修を定期的に開催しているか

　委員会と同様に、他の部署、他の事業所や施設などと合同で研修、訓練を実施し、その実施記録書は個々の部署、事業所に保管しましょう。

介護施設・事業所で働く方々への身体拘束廃止・防止の手引き

出典：厚生労働省研究事業

（指定介護福祉施設サービスの取扱方針）
第十一条　指定介護老人福祉施設は、施設サービス計画に基づき、入所者の要介護状態の軽減又は悪化の防止に資するよう、その者の心身の状況等に応じて、その者の処遇を妥当適切に行わなければならない。
2　指定介護福祉施設サービスは、施設サービス計画に基づき、漫然かつ画一的なものとならないよう配慮して行われなければならない。
3　指定介護老人福祉施設の従業者は、指定介護福祉施設サービスの提供に当たっては、懇切丁寧を旨とし、入所者又はその家族に対し、処遇上必要な事項について、理解しやすいように説明を行わなければならない。
4　指定介護老人福祉施設は、指定介護福祉施設サービスの提供に当たっては、当該入所者又は他の入所者等の生命又は身体を保護するため緊急やむを得ない場合を除き、身体的拘束その他入所者の行動を制限する行為（以下「身体的拘束等」という。）を行ってはならない。
5　指定介護老人福祉施設は、前項の身体的拘束等を行う場合には、その態様及び時間、その際の入所者の心身の状況並びに緊急やむを得ない理由を記録しなければならない。
6　指定介護老人福祉施設は、身体的拘束等の適正化を図るため、次に掲げる措置を講じなければならない。

一　身体的拘束等の適正化のための対策を検討する委員会（テレビ電話装置その他の情報通信機器（以下「テレビ電話装置等」という。）を活用して行うことができるものとする。）を三月に一回以上開催するとともに、その結果について、介護職員その他の従業者に周知徹底を図ること。

二　身体的拘束等の適正化のための指針を整備すること。

三　介護職員その他の従業者に対し、身体的拘束等の適正化のための研修を定期的に実施すること。

7　指定介護老人福祉施設は、自らその提供する指定介護福祉施設サービスの質の評価を行い、常にその改善を図らなければならない。

03 指定介護老人福祉施設の人員、設備及び運営に関する基準
第12条・13条・43条・17条の2・17条の3

個別サービスの質に
関する事項②

1. 施設サービス計画の作成（第12条）

確認項目は5項目、確認文書は4点です（163ページ参照）。

【確認項目】入所（入居）者の有する能力、その置かれている環境等を踏まえているか

　初回の計画を立てる際は、入所前の居宅サービス計画や利用していた個別サービス計画などを参考にアセスメントを行うことができれば、詳細な入所者情報が得られていることになります。自治体の運営指導担当者は、入所者の心身の状況や本人の希望を聴取している点を確認します。

　確認文書の「アセスメントの結果がわかるもの」として、アセスメントシートに記載されている利用者情報が、同じく確認文書である「施設サービス計画（入所（入居）者又は家族の同意があったことがわかるもの）」にどう反映されているかを判断するものと考えられます。

【確認項目】アセスメントのため、入所（入居）者及びその家族に面接しているか

　運営指導担当者は、計画担当介護支援専門員等が入所者やその家族と面接していることを確認します。「アセスメントの結果がわかるもの」（アセスメントシート）には、アセスメントを実施した場所や入所（入居）者宅訪問または来所の日時、本人の面接に同席した家族の名前や続柄などを記録に残しましょう。

　また、第6表「施設介護支援経過」の記録内容も確認する場合があると

第**6**章　介護老人福祉施設の確認項目と確認文書

179

考えられます。

【確認項目】サービス担当者会議等により専門的意見を聴取しているか

「サービス担当者会議等」とあるので、施設サービス計画（ケアプラン）の第5表「サービス担当者会議の要点」や第6表「施設介護支援経過」などを確認するものと考えられます。専門的意見を聴取した結果、計画に反映している点にも注目する可能性があります。

【確認項目】施設サービス計画を本人や家族に説明し、文書により同意を得ているか

確認文書の「施設サービス計画（入所（入居）者又は家族の同意があったことがわかるもの）」で確認します。説明者の氏名を記入できる様式であり、「施設サービス計画の説明を受け、同意して交付を受けました。」という旨の一文が記載されていることも重要です。

【確認項目】定期的にモニタリングを行い、結果を記録しているか

「定期的に」となっており、明確な頻度は決められていませんが、多くは**3か月に一度のサービス実施状況の把握を行ってモニタリングシートに記録**しています。入所者の状態変化が著しい場合などは、ひと月ごとに行うこともあります。

確認文書は、「モニタリングの結果がわかるもの」とあり、モニタリングシートを確認しますが、必要に応じて「サービス提供記録」の記載内容も同時に確認すると考えられます。

（施設サービス計画の作成）
第十二条　指定介護老人福祉施設の管理者は、介護支援専門員に施設サービス計画の作成に関する業務を担当させるものとする。
　2　施設サービス計画に関する業務を担当する介護支援専門員（以下「計画担当介護支援専門員」という。）は、施設サービス計画の作成に当たっては、入所者の日常生活全般を支援する観点から、当該地域の住民による自発的な活動によるサービス等の利用も含めて施設サービス計画上に位置付けるよう努めなければならない。

3 計画担当介護支援専門員は、施設サービス計画の作成に当たっては、適切な方法により、入所者について、その有する能力、その置かれている環境等の評価を通じて入所者が現に抱える問題点を明らかにし、入所者が自立した日常生活を営むことができるように支援する上で解決すべき課題を把握しなければならない。

4 計画担当介護支援専門員は、前項に規定する解決すべき課題の把握（以下「アセスメント」という。）に当たっては、入所者及びその家族に面接して行わなければならない。この場合において、計画担当介護支援専門員は、面接の趣旨を入所者及びその家族に対して十分に説明し、理解を得なければならない。

5 計画担当介護支援専門員は、入所者の希望及び入所者についてのアセスメントの結果に基づき、入所者の家族の希望を勘案して、入所者及びその家族の生活に対する意向、総合的な援助の方針、生活全般の解決すべき課題、指定介護福祉施設サービスの目標及びその達成時期、指定介護福祉施設サービスの内容、指定介護福祉施設サービスを提供する上での留意事項等を記載した施設サービス計画の原案を作成しなければならない。

6 計画担当介護支援専門員は、サービス担当者会議（入所者に対する指定介護福祉施設サービスの提供に当たる他の担当者（以下この条において「担当者」という。）を招集して行う会議（テレビ電話装置等を活用して行うことができるものとする。ただし、入所者又はその家族（以下この号において「入所者等」という。）が参加する場合にあっては、テレビ電話装置等の活用について当該入所者等の同意を得なければならない。）をいう。以下同じ。）の開催、担当者に対する照会等により、当該施設サービス計画の原案の内容について、担当者から、専門的な見地からの意見を求めるものとする。

7 計画担当介護支援専門員は、施設サービス計画の原案の内容について入所者又はその家族に対して説明し、文書により入所者の同意を得なければならない。

8 計画担当介護支援専門員は、施設サービス計画を作成した際には、当該施設サービス計画を入所者に交付しなければならない。

9 計画担当介護支援専門員は、施設サービス計画の作成後、施設サービス計画の実施状況の把握（入所者についての継続的なアセスメントを含む。）を行い、必要に応じて施設サービス計画の変更を行うものとする。

10 計画担当介護支援専門員は、前項に規定する実施状況の把握（以下「モニタリング」という。）に当たっては、入所者及びその家族並びに担当者との連絡を継続的に行うこととし、特段の事情のない限り、次に定めるところにより行わなければならない。
一　定期的に入所者に面接すること。
二　定期的にモニタリングの結果を記録すること。

11 計画担当介護支援専門員は、次に掲げる場合においては、サービス担当者会議の開催、担当者に対する照会等により、施設サービス計画の変更の必要性について、担当者から、専門的な見地からの意見を求めるものとする。
一　入所者が法第二十八条第二項に規定する要介護更新認定を受けた場合
二　入所者が法第二十九条第一項に規定する要介護状態区分の変更の認定を受けた場合

12 第二項から第八項までの規定は、第九項に規定する施設サービス計画の変更について準用する。

2. 介護（第13条、第43条）

確認項目は1項目、確認文書は1点です（164ページ参照）。

【確認項目】**入浴回数は適切か、褥瘡予防体制は整備されているか**

確認文書は、「**サービス提供記録**」です。

「入浴回数は適切か」について、入浴の回数や褥瘡予防の具体的な対応状況を確認します。

入浴の回数については、運営基準第13条第2項に「一週間に2回以上、適切な方法により…」とあるので、各入所者のサービス提供記録により確認します。もう1つの「褥瘡予防体制は整備されているか」についても、第13条第5項に明記されています。

サービス提供記録から褥瘡予防体制の整備状況をどう見るのか、運営指導担当者でも確認が難しい点だと言えます。**褥瘡予防のために日常的に多職種が行っているケア**を読み取るのではないでしょうか。

例えば、入浴を担当する介護職員が褥瘡の早期発見のために日頃から行っていることや、毎日の食事に関して管理栄養士や栄養士が行っていること、褥瘡の早期発見のための情報共有の1つとして、「サービス提供記録」の記録方法などに何らかの工夫をしていることなどが考えられます。

（介護）

第十三条　介護は、入所者の自立の支援及び日常生活の充実に資するよう、入所者の心身の状況に応じて、適切な技術をもって行われなければならない。

2　指定介護老人福祉施設は、一週間に二回以上、適切な方法により、入所者を入浴させ、又は清しきしなければならない。

3　指定介護老人福祉施設は、入所者に対し、その心身の状況に応じて、適切な方法により、排せつの自立について必要な援助を行わなければならない。

4　指定介護老人福祉施設は、おむつを使用せざるを得ない入所者のおむつを適切に取り替えなければならない。

5　指定介護老人福祉施設は、褥瘡が発生しないよう適切な介護を行うとともに、その発生を予防するための体制を整備しなければならない。

6　指定介護老人福祉施設は、入所者に対し、前各項に規定するもののほか、離床、着替え、整容等の介護を適切に行わなければならない。

7　指定介護老人福祉施設は、常時一人以上の常勤の介護職員を介護に従事させなければならない。

8　指定介護老人福祉施設は、入所者に対し、その負担により、当該指定介護老人福祉施設の従業者以外の者による介護を受けさせてはならない。

なお、ユニット型指定介護老人福祉施設は第43条になります。

3. 栄養管理（第17条の2）

　これは、2024（令和6）年7月の介護保険施設等運営指導マニュアルの一部改訂によって、追加された項目の1つです。

　介護老人福祉施設の算定状況（令和4年10月サービス提供分）を見ると、**栄養マネジメント強化加算**の算定率（事業所ベース）は30.47％となっており、徐々に増加している傾向が見られます。

介護老人福祉施設における算定状況（抜粋）

介護福祉施設サービス 令和4年10月サービス提供分	単位数(単位:千単位)	割合(単位数ベース)		件数(単位:千件)	算定率(件数ベース)		請求事業所数	算定率(事業所ベース)
総数	16,984,714		総数	16,961		総数	8,399
	16,984,714	100.00%		16,961	100.00%		8,399	100.00%
介護福祉施設	7,351,895	43.29%		9438.8	55.65%		4,711	56.09%
栄養マネジメント加算	53,606	0.32%		4873.2	28.73%		2,559	30.47%

出典:厚生労働省「介護給付費等実態統計」(令和4年10月サービス提供分)より

　栄養管理は、入所（入居）者に対するサービスの質の根幹をなすものとする認識が広まった結果、運営指導でもこの点を確認することになったと考えられます。次ページの「口腔衛生の管理」も同様です。

　確認項目は1項目、確認文書は2点です（164ページ参照）。

【確認項目】各入所（入居）者の状態に応じた栄養管理を計画的に行っているか

　確認文書の1つは、「栄養ケア計画」となっていますが、「栄養・摂食嚥下スクリーニング・アセスメント・モニタリング（施設）」様式を活用し、アセスメントを行ってから、栄養ケア計画を作成します。

　もう1つの確認文書の「栄養状態の記録」は、「栄養・摂食嚥下スクリーニング・アセスメント・モニタリング（施設）」様式で確認できますので、モニタリングも実施し、記録しましょう。

> **(栄養管理)**
> **第十七条の二**　指定介護老人福祉施設は、入所者の栄養状態の維持及び改善を図り、自立した日常生活を営むことができるよう、各入所者の状態に応じた栄養管理を計画的に行わなければならない。

4. 口腔衛生の管理（第17条の3）

2021（令和3）年度介護報酬改定において運営基準上で新たに設けられた「**口腔衛生の管理**」については、経過措置が設けられた上で令和6年4月1日から実施が義務付けられるものです。

運営基準に加えられたことにより、2024（令和6）年7月の介護保険施設等運営指導マニュアルの一部改訂によって、「確認項目及び確認文書」に追加された項目です。前ページの「栄養管理（第17条の2）」と一体的にサービスを提供する必要があります。

確認項目は1項目、確認文書は1点です（164ページ参照）。

【確認項目】各入所（入居）者の状態に応じた口腔衛生の管理を計画的に行っているか

確認文書は、「**口腔衛生の管理計画**」です。

「口腔衛生の管理」が運営基準に設けられたことで、運営指導でも確認項目に新設されましたので、各入所（入居）者の口腔衛生の管理を計画しているかどうかを確認されます。特に厚生労働省は、口腔衛生管理加算（Ⅰ）（Ⅱ）を算定し、積極的に入所（入居）者への丁寧な口腔衛生管理を促進したい意向があります。基本サービスとして実施が前提となりますので、運営指導担当者は、「口腔衛生の管理計画」の内容を詳しく見ると考えられます。

施設系サービスにおける口腔衛生管理の強化

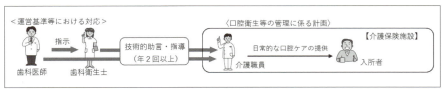

出典：社会保障審議会介護給付費分会（令和5年11月27日）資料

（口腔（衛生の管理）
第十七条の三 指定介護老人福祉施設は、入所者の口腔の健康の保持を図り、自立した日常生活を営むことができるよう、口腔衛生の管理体制を整備し、各入所者の状態に応じた口腔衛生の管理を計画的に行わなければならない。

04

指定介護老人福祉施設の人員、設備及び運営に関する基準
第2条・5条・9条・41条・19条・20条の2・21条・23条・46条

個別サービスの質を確保するための体制に関する事項①

1. 従業者の員数（第2条）

確認項目は3項目、確認文書は3点です（164ページ参照）。

【確認項目】入所（入居）者に対し、従業者の員数は適切であるか

確認文書は、「従業者の勤務体制及び勤務実績がわかるもの（例：勤務体制一覧表、勤務実績表）」や「従業者の勤怠状況がわかるもの（例：タイムカード、勤怠管理システム）」です。

従業者の勤務の体制及び勤務形態一覧表（介護老人福祉施設）

ここで言う勤務体制一覧表とは、「従業者の勤務の体制及び勤務形態一覧表」のことで、これには個々の職員等の常勤、非常勤の識別ができるように表記されています。この一覧表はユニット型の例です。

　運営基準第2条（従業者の員数）については、令和6年度に一部改正がありましたので、施設全体で理解を深めておきましょう。

（従業者の員数）
第二条　法第八十八条第一項の規定による指定介護老人福祉施設に置くべき従業者の員数は、次のとおりとする。ただし、入所定員が四十人を超えない指定介護老人福祉施設にあっては、他の社会福祉施設等の栄養士又は管理栄養士との連携を図ることにより当該指定介護老人福祉施設の効果的な運営を期待することができる場合であって、入所者の処遇に支障がないときは、第四号の栄養士又は管理栄養士を置かないことができる。
一　医師　入所者に対し健康管理及び療養上の指導を行うために必要な数
二　生活相談員　入所者の数が百又はその端数を増すごとに一以上
三　介護職員又は看護師若しくは准看護師（以下「看護職員」という。）
　イ　介護職員及び看護職員の総数は、常勤換算方法で、入所者の数が三又はその端数を増すごとに一以上とすること。
　ロ　看護職員の数は、次のとおりとすること。
　　（1）入所者の数が三十を超えない指定介護老人福祉施設にあっては、常勤換算方法で、一以上
　　（2）入所者の数が三十を超えて五十を超えない指定介護老人福祉施設にあっては、常勤換算方法で、二以上
　　（3）入所者の数が五十を超えて百三十を超えない指定介護老人福祉施設にあっては、常勤換算方法で、三以上
　　（4）入所者の数が百三十を超える指定介護老人福祉施設にあっては、常勤換算方法で、三に、入所者の数が百三十を超えて五十又はその端数を増すごとに一を加えて得た数以上
四　栄養士又は管理栄養士　一以上
五　機能訓練指導員　一以上
六　介護支援専門員　一以上（入所者の数が百又はその端数を増すごとに一を標準とする。）
（第2項以下省略）

【確認項目】必要な専門職が配置されているか

　必要な専門職とは、運営基準に定められた人員基準を満たしていることですので、前述の勤務体制一覧表により確認します。また、運営指導担当者は、事前に介護サービス情報の公表制度による公表情報などで、有資格者の在籍状況から必要な専門職の員数を確認していると考えられます。

【確認項目】必要な資格を有しているか

　確認文書は、「資格要件に合致していることがわかるもの（例：資格証の写し）」です。

ほとんどの介護老人福祉施設では、施設長や全従業者の取得した資格等について、個々の資格取得証明証（書）や研修等の修了証などの複写（コピー）を保管しています。しかし、**個々の従業者の取得資格を、いつ、誰が確認したのか、記録がない事例**が多く見受けられます。

看護婦（士）免許証

看護婦免許証　原本確認の複写　2020年9月24日　福岡　浩

保健婦助産婦看護婦法（昭和二十三年法律第二百三号）により看護婦の免許を与える

よつてこの証を交付する

厚生大臣　宮下創平

平成　年　月　日

本免許は昭和六十一年五月二十三日第　　号をもつて看護婦籍に登録

厚生省健康政策局長　小林秀資

看護婦免許証

昭和　年　月　日生

　　県

出典：著者関係者提供

　看護職員や介護職員などの採用時には、管理者が必ず取得している資格等の資格取得証明証（書）や研修の修了証の現物（原本）を確認しなければなりません。その上でコピーを取って複写物を保管します。

　上図では看護婦（士）免許証の写しの左上に、確認した年月日と確認した管理者の印があり、これで十分に管理されている状態と言えます。

　また、従業者等が新たに資格を取得した場合にも、決して本人にコピーを持参させずに、管理者が必ず原本を確認して同じように取り扱います。

　なお、長文ですが、運営基準第２条（従業者の員数）を施設全体で理解しておくように努めましょう。

2. 受給資格等の確認（第5条）

確認項目は1項目、確認文書は1点です（164ページ参照）。

【確認項目】被保険者資格、要介護認定の有無、要介護認定の有効期限を確認しているか

確認文書は、「介護保険番号、有効期限等を確認している記録等」です。まず運営基準第5条を参照しておきましょう。

（受給資格等の確認）

第五条　指定介護老人福祉施設は、指定介護福祉施設サービスの提供を求められた場合は、その者の提示する被保険者証によって、被保険者資格、要介護認定の有無及び要介護認定の有効期間を確かめなければならない。

2　指定介護老人福祉施設は、前項の被保険者証に法第七十三条第二項に規定する認定審査会意見が記載されているときは、当該認定審査会意見に配慮して、指定介護福祉施設サービスを提供するように努めなければならない。

第1項では、被保険者証により①被保険者資格、②要介護認定の有無、③要介護認定の有効期間の3点を必ず確認するよう、施設に求めています。

重要なのは、「その者の提示する被保険者証によって」という点です。施設側の担当者に対し、**入所申込者が持っている被保険者証を直接確認する**よう求めています。

第2項も重要です。**被保険者証に認定審査会意見が記載されている場合には、これに配慮してサービスの提供に努めなければなりません。**認定審査会意見の記載を見落とさないように注意しましょう。

3. 利用料等の受領（第9条、第41条）

確認項目は2項目、確認文書は2点です（164ページ参照）。

【確認項目】入所（入居）者からの費用徴収は適切に行われているか

確認文書は、「請求書」です。

【確認項目】領収書を発行しているか

　確認文書は、「領収証」です。

　利用料等の受領については、「第4章　訪問介護」の101ページに同様の項目があり、内容も同じですのでそちらを参照してください。なお、ユニット型は第41条を参照してください。

（利用料等の受領）

第九条　指定介護老人福祉施設は、法定代理受領サービス（法第四十八条第四項の規定により施設介護サービス費（同条第一項に規定する施設介護サービス費をいう。以下同じ。）が入所者に代わり当該指定介護老人福祉施設に支払われる場合の当該施設介護サービス費に係る指定介護福祉施設サービスをいう。以下同じ。）に該当する指定介護福祉施設サービスを提供した際には、入所者から利用料（施設介護サービス費の支給の対象となる費用に係る対価をいう。以下同じ。）の一部として、当該指定介護福祉施設サービスについて同条第二項に規定する厚生労働大臣が定める基準により算定した費用の額（その額が現に当該指定介護福祉施設サービスに要した費用の額を超えるときは、当該現に指定介護福祉施設サービスに要した費用の額とする。以下「施設サービス費用基準額」という。）から当該指定介護老人福祉施設に支払われる施設介護サービス費の額を控除して得た額の支払を受けるものとする。

2　指定介護老人福祉施設は、法定代理受領サービスに該当しない指定介護福祉施設サービスを提供した際に入所者から支払を受ける利用料の額と、施設サービス費用基準額との間に、不合理な差額が生じないようにしなければならない。

3　指定介護老人福祉施設は、前二項の支払を受ける額のほか、次に掲げる費用の額の支払を受けることができる。

　一　食事の提供に要する費用（法第五十一条の三第一項の規定により特定入所者介護サービス費が入所者に支給された場合は、同条第二項第一号に規定する食費の基準費用額（同条第四項の規定により当該特定入所者介護サービス費が入所者に代わり当該指定介護老人福祉施設に支払われた場合は、同条第二項第一号に規定する食費の負担限度額）を限度とする。）

　二　居住に要する費用（法第五十一条の三第一項の規定により特定入所者介護サービス費が入所者に支給された場合は、同条第二項第二号に規定する居住費の基準費用額（同条第四項の規定により当該特定入所者介護サービス費が入所者に代わり当該指定介護老人福祉施設に支払われた場合は、同条第二項第二号に規定する居住費の負担限度額）を限度とする。）

　三　厚生労働大臣の定める基準に基づき入所者が選定する特別な居室の提供を行ったことに伴い必要となる費用

　四　厚生労働大臣の定める基準に基づき入所者が選定する特別な食事の提供を行ったことに伴い必要となる費用

　五　理美容代

　六　前各号に掲げるもののほか、指定介護福祉施設サービスにおいて提供される便宜のうち、日常生活においても通常必要となるものに係る費用であって、その入所者に負担させることが適当と認められるもの

4　前項第一号から第四号までに掲げる費用については、別に厚生労働大臣が定めるところによるものとする。

5　指定介護老人福祉施設は、第三項各号に掲げる費用の額に係るサービスの提供に当たっては、あらかじめ、入所者又はその家族に対し、当該サービスの内容及び費用を記した文書を交付して説明を行い、入所者の同意を得なければならない。ただし、同項第一号から第四号までに掲げる費用に係る同意については、文書によるものとする。

190

4. 入所者の入院期間中の取扱い（第19条）

確認項目は１項目、確認文書は１点です（164ページ参照）。

【確認項目】概ね3か月以内に退院することが明らかに見込まれるときに適切な便宜を供与しているか

確認文書は、「サービス提供記録」です。

以前は「業務日誌」も確認文書の対象でしたが、必要に応じて提示を求めることがあると考えられます。

運営基準第19条には、「適切な便宜」の内容が明確に書かれており、「その者（入所者）及びその家族の希望等を勘案し、……」とあるので、**サービス提供記録や業務日誌に、入所者や家族の要望を聴取した内容や連絡を取り合ったことを記録していること**が重要になります。

また、「退院後再び当該指定介護老人福祉施設に円滑に入所することができるようにしなければならない。」とあり、**退院後に施設に戻るためにどのような手順で対応しているかが記録されていること**も重要です。

要するに、「円滑に」という文言に対して、具体的に施設として行っている業務内容が明らかになっている点を確認すると考えられます。

今後、さらに入退院を繰り返す入所者が増える傾向にありますので、この項目は非常に重要視されていると言えます。

（入所者の入院期間中の取扱い）

第十九条 指定介護老人福祉施設は、入所者について、病院又は診療所に入院する必要が生じた場合であって、入院後おおむね三月以内に退院することが明らかに見込まれるときは、その者及びその家族の希望等を勘案し、必要に応じて適切な便宜を供与するとともに、やむを得ない事情がある場合を除き、退院後再び当該指定介護老人福祉施設に円滑に入所することができるようにしなければならない。

---

5. 緊急時等の対応（第20条の2）

確認項目は２項目、確認文書は、「緊急時等における対応方法を定めたも

の」の１点です（164ページ参照）。

【確認項目】配置医師との連携方法その他の緊急時等における対応方法が定められているか

　介護給付費分会等の2024（令和６）年度の報酬改定・制度改正に関する審議では、「これまで、配置医師との連携が十分でなかった。」との指摘があり、配置医師だけでなく、「その他の緊急時等における対応方法」として、**協力医療機関との連携についても具体的にその方法を決めておかなければならない**こととされました。

【確認項目】当該対応方法は年１回以上見直されているか

　年に１回以上の見直しを求めていますので、その記録が重要です。対応応法について見直した内容、具体的に配置医師や協力医療機関との連携方法などを記載しておきましょう。下図を参考に対応方法の振り返り、見直しに活用しましょう。

出典：社会保障審議会介護給付費分科会（R6.1.22）資料

（緊急時等の対応）

第二十条の二　指定介護老人福祉施設は、現に指定介護福祉施設サービスの提供を行っているときに入所者の病状の急変が生じた場合その他必要な場合のため、あらかじめ、第二条第一項第一号に掲げる医師及び協力医療機関の協力を得て、当該医師及び当該協力医療機関との連携方法その他の緊急時等における対応方法を定めておかなければならない。

2　指定介護老人福祉施設は、前項の医師及び協力医療機関の協力を得て、一年に一回以上、緊急時等における対応方法の見直しを行い、必要に応じて緊急時等における対応方法の変更を行わなければならない。

6. 管理者による管理（第21条）

確認項目は1項目、確認文書は3点です（164ページ参照）。

【確認項目】管理者は常勤専従か、他の職務を兼務している場合、兼務体制は適切か

管理者（施設長）が常勤専従であることを確認するために、確認文書に「管理者の雇用形態がわかるもの」とあり、「労働条件通知書」（98ページ参照）や「労働契約書」などが該当します。労働条件通知書には、管理者としての職務をできる限り詳しく記載することが望ましいでしょう。また、管理者を公募した時の募集要項などの資料も保管しておくとよいでしょう。

その他の確認文書として、「管理者の勤務体制及び勤務実績がわかるもの（例：勤務体制一覧表、勤務実績表）」、「管理者の勤怠状況がわかるもの（例：タイムカード、勤怠管理システム）」を確認します。

他の職務を兼務している場合には、管理者に交付した辞令や配属通知書等を提示できれば速やかに確認されます。

なお、運営基準第21条には、「当該指定介護老人福祉施設の管理上支障がない場合は…」という条件付きで、同一敷地内でない他の事業所、施設等の職務に従事することができる、とあり、兼務が可能です。

「管理上支障がない」とは、管理者の責務が果たせていることを意味しますので、第22条（管理者の責務）も合わせて参照しておきましょう。

> （管理者による管理）
> 第二十一条　指定介護老人福祉施設の管理者は、専ら当該指定介護老人福祉施設の職務に従事する常勤の者でなければならない。ただし、当該指定介護老人福祉施設の管理上支障がない場合は、他の事業所、施設等又は当該指定介護老人福祉施設のサテライト型居住施設の職務に従事することができる。
>
> （管理者の責務）
> 第二十二条　指定介護老人福祉施設の管理者は、当該指定介護老人福祉施設の従業者の管理、業務の実施状況の把握その他の管理を一元的に行わなければならない。
> 2　指定介護老人福祉施設の管理者は、従業者にこの章の規定を遵守させるために必要な指揮命令を行うものとする。

7.運営規程（第23条、第46条）

　介護保険サービスを提供する全ての介護事業所、施設等では、運営規程を事業所、施設内に掲示しなければなりません。前述のように筆者は神奈川県で12年間介護サービス情報の公表の主任調査員を務めていましたが、年間20～30か所の介護事業所、施設を訪問していました。

　訪問調査で最初に確認するのが、**運営規程の掲示**です。掲示はされているものの、内容が少し古い運営規程を見かけることもありました。少なくとも３年に一度の介護報酬改定や５年に一度の制度改正が行われた時には、運営規程を見直して改訂する必要があります。同時に重要事項説明書の内容も改訂しなければなりません。

書面掲示規制の見直し

運営規程など

事業所内の壁面等に掲示

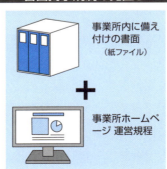

事業所内に備え付けの書面
（紙ファイル）

＋

事業所ホームページ 運営規程

PDFデータ等

PCなどによりPDFデータ等を閲覧できる状態

なお、令和 6 年度の制度改正では、「『書面掲示』の規制見直し」により、**令和 7 年度からインターネット上で閲覧ができるよう、事業所内の「書面掲示」に加え、ウェブサイトに掲載することが義務付けられます。**

確認項目は 1 項目、確認文書は、「運営規程」の 1 点です（164 ページ参照）。

【確認項目】運営における以下の重要事項について定めているか

1. 施設の目的及び運営の方針
2. 従業者の職種、員数及び職務の内容
3. 入所定員
4. 入所者に対する指定介護福祉施設サービスの内容及び利用料、その他の費用の額
5. 施設の利用に当たっての留意事項
6. 緊急時等における対応方法
7. 非常災害対策
8. 虐待の防止のための措置に関する事項
9. その他施設の運営に関する重要事項

（ユニット型）

1. 施設の目的及び運営の方針
2. 従業者の職種、員数及び職務の内容
3. 入居定員
4. ユニットの数及びユニットごとの入居定員
5. 入居者に対する指定介護福祉施設サービスの内容及び利用料その他の費用の額
6. 施設の利用に当たっての留意事項
7. 緊急時等における対応方法
8. 非常災害対策
9. 虐待の防止のための措置に関する事項
10. その他施設の運営に関する重要事項

「運営における以下の重要事項」とは、前ページの9項目（ユニット型は10項目）です。運営基準の条文も同じ内容ですので省略しますが、念のため条文も確認しておきましょう。

　まず1つ目は、「**事業の目的及び運営の方針**」です。

　例えば、ユニット型特養の場合、「事業の目的」と「運営の方針」のモデルは以下のようになります。

参考：名古屋市「運営規程モデル例」

（事業の目的）
第1条　社会福祉法人○○が開設する特別養護老人ホーム○○（以下「施設」という。）の適正な運営を確保するために人員及び管理運営に関する事項を定め、要介護状態となった高齢者に対し適正な指定介護老人福祉施設サービス（以下「施設サービス」という。）の提供をすることを目的とする。

（施設の目的及び運営方針）
第2条　施設は、施設サービス計画に基づき、可能な限り、居宅における生活への復帰を念頭に置いて、入浴、排せつ、食事等の介護、相談及び援助、社会生活上の便宜の供与その他の日常生活上の世話、機能訓練、健康管理及び療養上の世話を行うことにより、入所者がその有する能力に応じ自立した日常生活を営むことができるようにすることをめざすものとする。
2　施設は、地域や家庭との結びつきを重視した運営を行い、市町村、居宅介護支援事業者、居宅サービス事業者、他の介護保険施設その他の保健医療サービス又は福祉サービスを提供する者との密接な連携に努めるものとする。

　運営規程で定めておくべき9項目のうち、2から5までの項目で注意したいのは、**重要事項説明書の内容と一致していること**です。従業者の員数や利用料その他の費用の額が変わる場合には、運営規程と重要事項説明書を同時に改訂しましょう。

　6つ目の「**緊急時等における対応方法**」については、191ページの「5.緊急時等の対応」で確認した「運営基準第20条の2（緊急時等の対応）」を参考にして、要約した内容を記載しましょう。

8つ目の「**虐待の防止のための措置に関する事項**」は、令和3年度の介護報酬改定で施設・事業所に義務付けられた「虐待の防止」に関する規程です。以下の内容での記載が望ましいので、事前に確認しておきます。

参考：枚方市介護老人福祉施設（ユニット型）運営規程（作成例）

（虐待防止に関する事項）
第○条　施設は、入居者の人権の擁護、虐待の発生又はその再発を防止するため次の措置を講ずるものとする。
　(1)　虐待防止のための対策を検討する委員会（テレビ電話装置等を活用して行うことができるものとする。）を定期的に開催するとともに、その結果について従業者に周知徹底を図る
　(2)　虐待防止のための指針の整備
　(3)　虐待を防止するための定期的な研修の実施
　(4)　前3号に掲げる措置を適切に実施するための担当者の設置
2　施設は、サービス提供中に、当該施設従業者又は養護者（入居者の家族等高齢者を現に養護する者）による虐待を受けたと思われる入居者を発見した場合は、速やかに、これを市町村に通報するものとする。
（枚方市健康福祉部健康指導監査課　令和6年4月　運営規程記載例より）

　最後の「**その他運営に関する重要事項**」には、少なくとも以下の項目を記載しておきます。以前は「重要事項説明書」も確認の対象でしたので、**両者の内容が一致していること**を確認しておきましょう。運営規程は、相談に訪れた利用者やその家族等が見やすい場所に掲示していること、事業所または事業所を運営する法人等のHP等に掲示していること（令和7年度以降）を確認します。

　運営規程の施行年月日も確認されますので、規程を見直し改訂した年月日に注意しましょう。

参考：枚方市介護老人福祉施設（ユニット型）運営規程（作成例）

（その他運営に関する留意事項）
第○条　施設は、全ての従業者（看護師、准看護師、介護福祉士、介護支援専門員、介護保険法第8条第2項に規定する政令で定める者等の資格を有する者その他これに

類する者を除く。）に対し、認知症介護に係る基礎的な研修を受講させるために必要な措置を講じるものとする。また、従業者の資質向上のために研修の機会を次のとおり設けるものとし、業務の執行体制についても検証、整備する。

(1) 採用時研修　採用後○ヵ月以内

(2) 継続研修　　年○回

2　従業者は業務上知り得た入居者又はその家族の秘密を保持する。

3　従業者であった者に、業務上知り得た入居者又はその家族の秘密を保持させるため、従業者でなくなった後においてもこれらの秘密を保持するべき旨を、従業者との雇用契約の内容とする。

4　施設は、適切な指定介護福祉施設サービスの提供を確保する観点から、職場において行われる性的な言動又は優越的な関係を背景とした言動であって業務上必要かつ相当な範囲を超えたものにより従業者の就業環境が害されることを防止するための方針の明確化等の必要な措置を講じるものとする。

5　施設は、指定介護福祉施設サービスに関する記録を整備し、そのサービスを提供した日から最低５年間は保存するものとする。

6　この規程に定める事項のほか、運営に関する重要事項は、社会福祉法人＊＊＊と施設の管理者との協議に基づいて定めるものとする。

(枚方市健康福祉部健康指導監査課　令和６年４月　運営規程記載例より)

　なお、運営基準第46条は「ユニット型施設」ですが、次の第23条に「ユニットの数及びユニットごとの入居定員」が追加されただけです。

（運営規程）

第二十三条　指定介護老人福祉施設は、次に掲げる施設の運営についての重要事項に関する規程（以下「運営規程」という。）　を定めておかなければならない。

一　施設の目的及び運営の方針

二　従業者の職種、員数及び職務の内容

三　入所定員

四　入所者に対する指定介護福祉施設サービスの内容及び利用料その他の費用の額

五　施設の利用に当たっての留意事項

六　緊急時等における対応方法

七　非常災害対策

八　虐待の防止のための措置に関する事項

九　その他施設の運営に関する重要事項

05 指定介護老人福祉施設の人員、設備及び運営に関する基準
第24条・47条・24条の2・25条・48条・26条・27条・30条・31条・33条

個別サービスの質を確保するための体制に関する事項②

1. 勤務体制の確保等（第24条、第47条）

確認項目は5項目、確認文書は4点です（165ページ参照）。

【確認項目】サービス提供は施設の従業者によって行われているか

従業者とは、介護老人福祉施設の従業者である生活相談員や看護職員、介護職員を指します。確認文書は、「雇用の形態（常勤・非常勤）がわかるもの」ですので、毎月作成している「従業者の勤務の体制及び勤務形態一覧表」や「労働条件通知書」（98ページ参照）などが考えられます。

なお、「従業者の勤務の体制及び勤務形態一覧表」は令和6年4月現在、**標準様式**となっていますので、最新の様式を再確認しておきましょう。

【確認項目】入所（入居）者の処遇に直接影響する業務を委託していないか

この確認項目の意味はやや理解しにくいかも知れませんが、運営基準第24条（201ページ参照）を読むとわかります。第2項に「指定介護老人福祉施設は、当該指定介護老人福祉施設の従業者によって指定介護福祉施設サービスを提供しなければならない。ただし、入所者の処遇に直接影響を及ぼさない業務については、この限りでない。」とあるので、施設内の清掃などを外部の事業者に委託することはあっても、**施設サービスそのものを外部委託することはできません。**

【確認項目】資質向上のために研修の機会を確保しているか

確認文書は、「研修の計画及び実績がわかるもの」です。従業者等の資質

第6章 介護老人福祉施設の確認項目と確認文書

199

向上のための研修の機会を確保するには、研修を計画的に行う必要があります。

したがって、**研修計画書**を作成し、研修を実施します。研修実施後には**研修実施記録書**を作成します。これは研修受講者の個々の「研修受講報告書」や「研修の感想文」のようなものではなく、**管理者が施設の記録として作成するもの**です。

【確認項目】認知症介護に係る基礎的な研修を受講させるため必要な措置を講じているか

全ての施設従業者（看護師、准看護師、介護福祉士、介護支援専門員等を除く）を対象に、2024年度から義務付けられた研修です。研修内容は主に講義と演習で構成され、以下のような内容が含まれます。

〔講義〕
①認知症の現状と基礎知識
②認知症の方への具体的なケアの方法
③認知症ケアの基礎的技術

〔演習〕
①認知症の方とのコミュニケーション方法
②不適切なケアの理解と回避方法
③行動・心理症状（BPSD）を理解したケアの選択と工夫

この研修は、保険者や各種団体等で実施されています。例えば、東京都のようにeラーニング形式で実施されている場合もあり、受講しやすくなっています。

【確認項目】性的言動、優越的な関係を背景とした言動による就業環境が害されることの防止に向けた方針の明確化等の措置を講じているか

確認文書は、「職場におけるハラスメントによる就業環境悪化防止のための方針」です。方針の明確化は、以下の4項目が必要な措置となります。

①ハラスメントの定義・禁止

②相談窓口の設置

③研修と啓発活動

④被害者への配慮

　具体的内容や運営指導担当者の確認点は、「第4章　訪問介護」と同様ですので、109ページを参照してください。

　なお、第47条は省略しますが、同様にユニット型施設の場合です。

（勤務体制の確保等）

第二十四条　指定介護老人福祉施設は、入所者に対し、適切な指定介護福祉施設サービスを提供することができるよう、従業者の勤務の体制を定めておかなければならない。

2　指定介護老人福祉施設は、当該指定介護老人福祉施設の従業者によって指定介護福祉施設サービスを提供しなければならない。ただし、入所者の処遇に直接影響を及ぼさない業務については、この限りでない。

3　指定介護老人福祉施設は、従業者に対し、その資質の向上のための研修の機会を確保しなければならない。その際、当該指定介護老人福祉施設は、全ての従業者（看護師、准看護師、介護福祉士、介護支援専門員、法第八条第二項に規定する政令で定める者等の資格を有する者その他これに類する者を除く。）に対し、認知症介護に係る基礎的な研修を受講させるために必要な措置を講じなければならない。

4　指定介護老人福祉施設は、適切な指定介護福祉施設サービスの提供を確保する観点から、職場において行われる性的な言動又は優越的な関係を背景とした言動であって業務上必要かつ相当な範囲を超えたものにより従業者の就業環境が害されることを防止するための方針の明確化等の必要な措置を講じなければならない。

---

2. 業務継続計画の策定等（第24条の2）

　確認項目は3項目、確認文書は3点です（165ページ参照）。

【確認項目】感染症、非常災害発生時のサービスの継続実施及び早期の業務再開の計画（業務継続計画）の策定及び必要な措置を講じているか

　確認文書は、「業務継続計画」です。これには、感染症発生時と非常災害発生時の2つの内容を含んでいなければなりません。

　感染症、非常災害ともに発生時におけるサービス提供の継続を維持する

ための方策と、一時的なサービス提供の中断から早期に再開するための方策を計画にまとめます。運営指導担当者は、その内容を確認します。

【確認項目】従業者に対する計画の周知、研修及び訓練を定期的に実施しているか

確認文書は、「研修の計画及び実績がわかるもの」、「訓練の計画及び実績がわかるもの」です。

施設内の会議等で計画内容を説明し、周知したことがわかる会議録等を確認します。年に1回または2回程度の研修と訓練を開催し、その内容を**実施記録**として残します。運営指導担当者は、研修や訓練が計画に沿って行われたことを確認します。

【確認項目】定期的に計画の見直しを行い必要に応じて計画の変更を行っているか

確認文書は、2点ですが上記と同じものです。

研修や訓練を実施した結果、計画に見直すべき項目がある場合には、計画の一部を変更し、記録として計画の改訂履歴を記載しましょう。運営指導担当者は、変更された計画の内容を確認します。

（業務継続計画の策定等）
第二十四条の二　指定介護老人福祉施設は、感染症や非常災害の発生時において、入所者に対する指定介護福祉施設サービスの提供を継続的に実施するための、及び非常時の体制で早期の業務再開を図るための計画（以下「業務継続計画」という。）を策定し、当該業務継続計画に従い必要な措置を講じなければならない。
2　指定介護老人福祉施設は、従業者に対し、業務継続計画について周知するとともに、必要な研修及び訓練を定期的に実施しなければならない。
3　指定介護老人福祉施設は、定期的に業務継続計画の見直しを行い、必要に応じて業務継続計画の変更を行うものとする。

3. 定員の遵守（第25条、第48条）

確認項目は1項目、確認文書は1点です（165ページ参照）。

【確認項目】入所定員（又はユニット毎の入居定員）を上回っていないか

確認文書は、「国保連への請求書控え」です。

運営基準第25条には、「…施設は、入所定員及び居室の定員を超えて入所させてはならない。」とあります。ユニット型の施設は、ユニットごとの定員となります（第48条）。新規入所者のある月や退所者があった月などを、重点的に確認するものと考えられます。

また、入所者が入院中の場合や一時的に自宅に戻っていたりする場合には、業務日誌等で定員の増減を確認することもあるでしょう。

（定員の遵守）

第二十五条　指定介護老人福祉施設は、入所定員及び居室の定員を超えて入所させてはならない。ただし、災害、虐待その他のやむを得ない事情がある場合は、この限りでない。

（定員の遵守）

第四十八条　ユニット型指定介護老人福祉施設は、ユニットごとの入居定員及び居室の定員を超えて入居させてはならない。ただし、災害、虐待その他のやむを得ない事情がある場合は、この限りでない。

---

4. 非常災害対策（第26条）

近年、記録的大雨による水害や広域大地震による被災が多発しています。そうした観点から非常災害対策はますます重要視されています。以前の確認項目及び確認文書とは異なりますので、注意しましょう。

確認項目は3項目、確認文書は4点です（165ページ参照）。

【確認項目】非常災害（火災、風水害、地震等）に対する具体的計画はあるか

確認文書には、「非常災害時の対応計画（管轄消防署へ届け出た消防計画

（風水害、地震対策含む）又はこれに準ずる計画）」とあり、いかに非常災害への対応が重要であるかを物語っています。

以前は、確認文書として「非常災害時対応マニュアル（対応計画）」がありましたが、マニュアルの有無は問わなくなりました。しかし、より具体的な「非常災害時の対応計画」が求められます。確認文書に示されている風水害、地震対策を含む**消防計画**でもよいでしょう。

【確認項目】非常災害時の関係機関への通報及び連携体制は整備されているか

確認文書は、「**通報、連絡体制がわかるもの**」です。

「**非常災害時に通報する関係機関等の一覧表**」を作成し、施設内に掲示したり、電話機のそばに設置したりしましょう。

なお、最新の一覧表であることがわかるよう、作成年月日と作成者名を記載しておくことが望ましいでしょう。

【確認項目】避難・救出等の訓練を定期的に実施しているか

確認文書は、「**避難・救出等訓練の実施状況がわかるもの**」です。

以前の確認項目は、「消火・避難訓練を実施しているか」でしたので、避難訓練に加えて**救出等の訓練**を合わせて定期的に実施していることを確認します。確認文書には、「**運営規程**」もあります。運営規程の項目にある「非常災害対策」にどのような内容が記載されているかを確認します。

下の運営規程（作成例）を参考に、運営規程を見直しましょう。

参考：枚方市介護老人福祉施設（ユニット型）運営規程（作成例）

（非常災害対策）
第○条　施設は、非常災害に備えて、消防計画、風水害、地震等の災害に処する計画を作成し、防火管理者又は火気・消防等についての責任者を定め、年○回定期的に避難、救出その他必要な訓練を行うものとする。
2　施設は、前項に規定する訓練の実施に当たって、地域住民の参加が得られるよう連携に努めるものとする。

（枚方市健康福祉部健康指導監査課　令和6年4月　運営規程記載例より）

5. 衛生管理等（第27条）

確認項目は１項目、確認文書は３点です（166ページ参照）。

【確認項目】感染症又は食中毒が発生し、まん延しないよう次の措置を講じているか

①感染症及び食中毒の予防・まん延の防止のための対策を検討する委員会開催（おおむね３月に１回以上）、その結果の周知

②感染症及び食中毒の予防・まん延の防止のための指針の整備

③感染症及び食中毒の予防・まん延の防止のための研修及び訓練の定期実施

①は、他の部署、他事業所などと合同で委員会を開催（年４回）することも可能ですので、必ず開催し、その結果（議事録など）を従業者に周知しましょう。周知した日時、対象者などを記録します。

確認文書は、「**感染症及び食中毒の予防・まん延の防止のための対策を検討する委員会の開催状況・結果がわかるもの**」です。

②は、事業所としての感染症予防、まん延の防止に対する方針をまとめて文書化し、指針として整備しましょう。指針には、策定日や文書責任者名等も記しておきましょう。確認文書は、「**感染症及び食中毒の予防・まん延の防止のための指針**」です。

③は、委員会と同様に、他の部署、他事業所などと合同で研修、訓練を実施し、その実施記録書は、個々の部署、事業所に保管しましょう。

確認文書は、「**感染症及び食中毒の予防・まん延の防止のための研修及び訓練の実施状況・結果がわかるもの**」です。

> **（衛生管理等）**
> **第二十七条** 指定介護老人福祉施設は、入所者の使用する食器その他の設備又は飲用に供する水について、衛生的な管理に努め、又は衛生上必要な措置を講ずるとともに、医

薬品及び医療機器の管理を適正に行わなければならない。

2　指定介護老人福祉施設は、当該指定介護老人福祉施設において感染症又は食中毒が発生し、又はまん延しないように、次の各号に掲げる措置を講じなければならない。

一　当該指定介護老人福祉施設における感染症及び食中毒の予防及びまん延の防止のための対策を検討する委員会（テレビ電話装置等を活用して行うことができるものとする。）をおおむね三月に一回以上開催するとともに、その結果について、介護職員その他の従業者に周知徹底を図ること。

二　当該指定介護老人福祉施設における感染症及び食中毒の予防及びまん延の防止のための指針を整備すること。

三　当該指定介護老人福祉施設において、介護職員その他の従業者に対し、感染症及び食中毒の予防及びまん延の防止のための研修並びに感染症の予防及びまん延の防止のための訓練を定期的に実施すること。

四　前三号に掲げるもののほか、別に厚生労働大臣が定める感染症又は食中毒の発生が疑われる際の対処等に関する手順に沿った対応を行うこと。

6. 秘密保持等（第30条）

確認項目は２項目、確認文書は２点です（166ページ参照）。

【確認項目】個人情報の利用に当たり、入所（入居）者から同意を得ているか

確認文書は、「個人情報の使用に関する同意書」です。

文書名は、「個人情報使用同意書」または「個人情報利用同意書」などが該当します。

また、入所（入居）者の個人情報と家族の個人情報とでは、その利用の仕方に違いがあるため、入所（入居）者と家族のそれぞれから個人情報の利用（使用）の同意を得ておきましょう。

【確認項目】退職者を含む、従業者が入所（入居）者の秘密を保持することを誓約しているか

確認文書は、「従業者の秘密保持誓約書」です。

従業者を雇用する時に、必ず入所（入居）者やその家族の秘密を保持することを厳守するという一文を含む誓約書の提出を受け、万一退職した場合でもその効力が及ぶことを伝えておきましょう。

（秘密保持等）

第三十条　指定介護老人福祉施設の従業者は、正当な理由がなく、その業務上知り得た入所者又はその家族の秘密を漏らしてはならない。

2　指定介護老人福祉施設は、従業者であった者が、正当な理由がなく、その業務上知り得た入所者又はその家族の秘密を漏らすことがないよう、必要な措置を講じなければならない。

3　指定介護老人福祉施設は、居宅介護支援事業者等に対して、入所者に関する情報を提供する際には、あらかじめ文書により入所者の同意を得ておかなければならない。

7. 広告（第31条）

確認項目は1項目、確認文書は2点です（166ページ参照）。

【確認項目】広告は虚偽又は誇大となっていないか

確認文書は、「**パンフレット／チラシ**」と「**Web広告**」で、これまで確認文書の対象ではなかったWeb広告が加わりました。

介護老人福祉施設では、施設を運営する法人が施設を紹介するパンフレットやチラシを作成しています。入所（入居）を検討している要介護者やその家族が施設を見学したり、問い合わせがあった際に配布しているパンフレット等に虚偽や誇大な表現、説明がないかを確認します。

また、最近では多くの介護事業所や施設等がホームページを作成し、活用しているため、確認文書にWeb広告が加わったのです。運営指導担当者は、事前にホームページを閲覧しているでしょう。その公表内容に疑義があれば、確認されるでしょう。

（広告）

第三十一条　指定介護老人福祉施設は、当該指定介護老人福祉施設について広告をする場合は、その内容が虚偽又は誇大なものであってはならない。

8. 苦情処理（第33条）

確認項目は2項目、確認文書は2点です（166ページ参照）。

【確認項目】苦情受付の窓口を設置するなど、必要な措置を講じているか

確認文書は、「苦情の受付簿」です。

施設として常に苦情を受け付ける体制になっていることを示すため、施設内の誰が、いつ、誰から、どのような苦情を受け付けたかがわかるように、「苦情受付一覧表」などを用意しておきましょう。

また、確認文書にはありませんが、重要事項説明書等の文書に、苦情の受付窓口の連絡先や担当者名が記載されていると思いますので、電話番号や担当者名に間違いがないかも、事前に確認しておきましょう。

【確認項目】苦情を受け付けた場合、内容等を記録、保管しているか

確認文書は、「苦情への対応記録」です。

該当する記録として一般的に多いのは、「苦情対応記録書（または「相談・苦情対応記録書」）などと呼ばれるものです。

具体的に苦情があった場合には速やかに対応し、苦情原因を明らかにします。その経過と結果を記録に残し、それを基に事例検討会や研修を行うなど、施設サービスの質の向上のための取組が必要になります。

次ページの介護サービス情報の公表制度における調査票（運営情報）には、相談、苦情に関する確認事項3項目、確認のための材料4項目がありますので、参考にしてください。運営情報では「利用者」となっていますが、これは「入所（入居）者」のことです。

中項目	小項目	確認事項	確認のための材料
3 相談・苦情等の対応のために講じている措置	15 相談・苦情等の対応のための取組の状況	43 利用者又はその家族からの相談、苦情等に対応する仕組みがある。	74 重要事項を記した文書等利用者に交付する文書に、相談、苦情等対応窓口及び担当者が明記されている。
			75 相談、苦情等対応に関するマニュアル等がある。
		44 相談、苦情等対応の経過を記録している。	76 相談、苦情等対応に関する記録がある。
		45 相談、苦情等対応の結果について、利用者又はその家族に説明している。	77 利用者又はその家族に対する説明の記録がある。

出典：厚生労働省HPより抜粋

　運営指導担当者は公表内容を事前に確認し、利用者やその家族からの相談、苦情等の対応状況を把握しています。**相談、苦情の対応が施設運営の仕組みとして機能していることが重要です。**

（苦情処理）
第三十三条　指定介護老人福祉施設は、その提供した指定介護福祉施設サービスに関する入所者及びその家族からの苦情に迅速かつ適切に対応するために、苦情を受け付けるための窓口を設置する等の必要な措置を講じなければならない。
2　指定介護老人福祉施設は、前項の苦情を受け付けた場合には、当該苦情の内容等を記録しなければならない。
3　指定介護老人福祉施設は、提供した指定介護福祉施設サービスに関し、法第二十三条の規定による市町村が行う文書その他の物件の提出若しくは提示の求め又は当該市町村の職員からの質問若しくは照会に応じ、入所者からの苦情に関して市町村が行う調査に協力するとともに、市町村から指導又は助言を受けた場合は、当該指導又は助言に従って必要な改善を行わなければならない。
4　指定介護老人福祉施設は、市町村からの求めがあった場合には、前項の改善の内容を市町村に報告しなければならない。
5　指定介護老人福祉施設は、提供した指定介護福祉施設サービスに関する入所者からの苦情に関して国民健康保険団体連合会（国民健康保険法（昭和三十三年法律第百九十二号）第四十五条第五項に規定する国民健康保険団体連合会をいう。以下同じ。）が行う法第百七十六条第一項第三号の規定による調査に協力するとともに、国民健康保険団体連合会から同号の規定による指導又は助言を受けた場合は、当該指導又は助言に従って必要な改善を行わなければならない。
6　指定介護老人福祉施設は、国民健康保険団体連合会からの求めがあった場合には、前項の改善の内容を国民健康保険団体連合会に報告しなければならない。

06

指定介護老人福祉施設の人員、設備及び運営に関する基準
第35条・35条の2・35条の3

個別サービスの質を確保するための体制に関する事項③

1. 事故発生の防止及び発生時の対応（第35条）

確認項目は6項目、確認文書は7点です（166ページ参照）。

【確認項目】事故発生の防止のための指針を整備しているか

確認文書は、「**事故発生の防止のための指針**」です。以前は、「事故が発生した場合の対応方法は定まっているか」という確認項目であり、確認文書として「事故対応マニュアル」がありました。

事故が起こることを前提とした事故対応マニュアルも必要ではありますが、現在の確認文書は、**事故を起こさないようにどうすべきかを方針として明文化**しなければなりません。

【確認項目】市町村、入所（利用）者家族等に連絡しているか

確認文書は、「**市町村、入所（居住）者家族等への連絡状況がわかるもの**」となっており、「連絡した記録」です。

以前は、「市町村、家族等に報告しているか」という確認項目でしたが、「～連絡しているか」に変わりました。大きな違いはありませんが、連絡して事故の概要を報告することになりますので、記録しておく必要があります。

医療機関の受診がない場合でも、電話による第一報を求めている保険者も多いですから、連絡し、記録しておきましょう。

また、入所（利用）者家族等への連絡は、時間帯によっては電話による連絡が難しい場合もあるので、電話以外のEメールやLINE等を活用し、複

210

数の連絡方法を予め決めておくことも大切です。**確実に連絡が取れる方法で第一報を伝え、記録しておきましょう。**

【確認項目】事故状況、事故に際して採った処置が記録されているか

確認文書は、「事故に際して採った処置の記録」ですので、全て記録で確認されます。

事故発生直後に事故の状況について、当事者から正確な情報を収集して事故の全体像や直接的原因を把握し、客観的な事実のみを記録します。

また、事故発生時には「事故対応マニュアル」等に沿って速やかに適切に対応し、その経過を記録しておきましょう。

【確認項目】損害賠償すべき事故が発生した場合に、速やかに賠償を行っているか

確認文書は、「損害賠償の実施状況がわかるもの」です。

万が一、損害賠償請求を受けるような事故が発生した場合には、速やかに損害賠償の手続きを行います。

迅速に賠償を行うには、日頃から損害賠償すべき事故とはどういうものか、研修等を通じて十分に理解しておきましょう。

特に損害賠償責任保険に加入している保険会社の協力を得て、**損害賠償に関する知識や事例を学習する**ことも必要です。

【確認項目】事故発生の防止のための委員会及び従業者に対する研修を定期的に行っているか

確認文書は、「事故発生防止のための委員会の開催状況及び結果がわかるもの」、「研修の計画及び実績がわかるもの」です。

「事故発生の予防のための委員会」を定期的に行っているかについては、他の委員会の開催頻度と同様に**概ね6か月に1回**とし、委員会の会議録には開催日時や委員会の出席者名、委員会で討議した内容を記載します。

運営基準第35条第3項には、「テレビ電話装置等を活用して行うことがで

きるものとする。」とあり、**オンライン等での委員会開催も可能**です。

　また、従業者を対象とした研修については、委員会と同様に**年に２回程度の実施が望ましい**と考えられます。

【確認項目】上記の措置を適切に実施するための担当者を置いているか

　確認文書の「担当者を置いていることがわかるもの」とは、任命書などが考えられます。辞令は役職に就く場合に使いますが、特定のプロジェクトチームのリーダー等を任命する時は、「**任命書**」がよいでしょう。

　また「事故発生の防止のための指針」にも、担当者を明記しておきましょう。

（事故発生の防止及び発生時の対応）
第三十五条　指定介護老人福祉施設は、事故の発生又はその再発を防止するため、次の各号に定める措置を講じなければならない。
　一　事故が発生した場合の対応、次号に規定する報告の方法等が記載された事故発生の防止のための指針を整備すること。
　二　事故が発生した場合又はそれに至る危険性がある事態が生じた場合に、当該事実が報告され、その分析を通じた改善策を従業者に周知徹底する体制を整備すること。
　三　事故発生の防止のための委員会（テレビ電話装置等を活用して行うことができるものとする。）及び従業者に対する研修を定期的に行うこと。
　四　前三号に掲げる措置を適切に実施するための担当者を置くこと。
２　指定介護老人福祉施設は、入所者に対する指定介護福祉施設サービスの提供により事故が発生した場合は、速やかに市町村、入所者の家族等に連絡を行うとともに、必要な措置を講じなければならない。
３　指定介護老人福祉施設は、前項の事故の状況及び事故に際して採った処置について記録しなければならない。
４　指定介護老人福祉施設は、入所者に対する指定介護福祉施設サービスの提供により賠償すべき事故が発生した場合は、損害賠償を速やかに行わなければならない。

---

2. 虐待の防止（第35条の2）

　近年の虐待事案の増加を受け、2024（令和６年）７月に一部改訂された「介護保険施設等運営指導マニュアル」の別添「確認項目及び確認文書」に新たに追加された項目です。

近年、増加している虐待事案(124ページ参照)に対する措置として、2021（令和３）年には、運営基準にも条文が追加されました。

　確認項目は２項目、確認文書は４点です（166ページ参照）。

【確認項目】虐待の発生又はその再発を防止するため次の措置を講じているか

・虐待の防止のための対策を検討する委員会の定期開催及びその結果の介護職員その他の従業者への周知
・虐待の防止のための指針の整備
・虐待の防止のための研修の定期実施

　具体的に施設、事業所に求められている措置は、５点あります。
①虐待防止対策検討委員会を定期的に開催すること
②委員会で検討した結果（委員会の議事録など）を介護職員その他の従業者等に説明し、周知すること
③虐待防止・再発防止のための指針を整備すること
④虐待防止のための研修計画を策定し、研修を実施すること
⑤上記４項目を実施するために担当者をおくこと

　施設や事業所にとっては、相当な負担となります。他の部署や他事業所と共同で委員会を開催したり、研修計画を策定したりして、研修を行うなどの工夫が必要になります。

　確認文書の１点目、「虐待の防止のための対策を検討する委員会の開催状況及び結果がわかるもの」とは、**委員会の開催案内文**、**議事録**です。「定期開催」ですので、議事録には次回の開催予定日や検討議題などを記載しましょう。

　確認文書の２点目は、「虐待の防止のための指針」ですが、以下の内容を記載します。三重県が提供している「高齢者虐待防止のための指針」のひな形の項目を次ページにまとめましたので、参考にしてください。

1	高齢者虐待の防止に関する基本的考え方
2	虐待の定義
3	高齢者虐待防止検討委員会その他事業所内の組織に関する事項
4	高齢者虐待の防止のための職員研修に関する基本方針
5	虐待等が発生した場合の対応方法に関する基本方針
6	虐待等が発生した場合の相談・報告体制
7	成年後見制度の利用支援
8	虐待等に係る苦情解決方法
9	利用者等に対する指針の閲覧
10	その他虐待防止の推進のために必要な事項

出典：三重県HPより

●**委員会における検討事項（所掌事項）の例（松戸市）**

　委員会では、以下の項目について検討を行うとともに、必要な取組事項を決定します。

①虐待防止検討委員会その他事業所内の組織に関すること
②虐待の防止のための指針の整備・見直しに関すること
③虐待の防止のための職員研修の内容及び企画・運営に関すること
④虐待等について、職員が相談・報告できる体制整備に関すること
⑤従業者が高齢者虐待を把握した場合に、松戸市への通報が迅速かつ適切に行われるための方法に関すること
⑥虐待等が発生した場合、その発生原因等の分析から得られる再発の確実な防止策に関すること
⑦前号の再発の防止策を講じた際に、その効果についての評価に関すること
⑧虐待事例が発生した場合は、委員会で事例検討を行うこと

出典：松戸市HPより

　続いて、３点目は「**虐待の防止のための研修の計画及び実績がわかるもの**」です。**研修計画書**と**研修実施記録書**になります。

【確認項目】上記の措置を適切に実施するための担当者を置いているか

　確認文書の４点目、「担当者を置いていることがわかるもの」とは、**任命書**などが考えられます。辞令は役職に就く場合に使いますが、特定のプロジェクトチームのリーダー等を任命する時は任命書がよいでしょう。

　運営基準に追加された第35条の２の条文にも目を通しておきましょう。

（虐待の防止）

第三十五条の二　指定介護老人福祉施設は、虐待の発生又はその再発を防止するため、次の各号に掲げる措置を講じなければならない。

一　当該指定訪問介護事業所における虐待の防止のための対策を検討する委員会（テレビ電話装置等を活用して行うことができるものとする。）を定期的に開催するとともに、その結果について、介護職員その他の従業者に周知徹底を図ること。

二　当該指定介護老人福祉施設における虐待の防止のための指針を整備すること。

三　当該指定介護老人福祉施設において、介護職員その他の従業者に対し、虐待の防止のための研修を定期的に実施すること。

四　前三号に掲げる措置を適切に実施するための担当者を置くこと。

---

3. 介護現場の生産性の向上（第35条の3）

　今回新しく追加された項目で、**2027（令和９）年３月31日までは努力義務です。**

　確認項目は１項目、確認文書は１点です（166ページ参照）。

【確認項目】入所者の安全並びに介護サービスの質の確保及び職員の負担軽減に資する方策を検討するための委員会を定期的に開催しているか

　確認文書は、「生産性向上のための委員会の開催状況がわかるもの」で、開催の案内文書や委員会の会議録を確認するものと考えられます。

　想定される委員会の具体的な活動内容としては、以下のようなことが考えられます。

第6章　介護老人福祉施設の確認項目と確認文書

1 現状分析

入所者の安全や介護サービスの質、職員の負担に関する現状を把握するための調査を行います。アンケートやヒアリングを通じて、具体的な課題を抽出します。

2 改善策の提案

現状分析の結果を基に、具体的な改善策を提案します。例えば、転倒防止のための設備の見直しや、介護職員等の研修プログラムの充実、勤務表（シフト表）の見直しなどが考えられます。

3 実施計画の策定

提案された改善策を実行に移すための計画を立てます。具体的な計画や担当者を決め、実施に向けた準備を進めます。

4 評価とフィードバック

実施した改善策の効果を評価し、必要に応じて修正を行います。定期的に委員会を開催し、進捗状況を確認しながら、継続的な改善を図ります。

5 情報共有とコミュニケーション

委員会の活動内容や成果を、入所（入所）者やその家族、職員に対して適切に公表し、情報を共有します。透明性を保ち、関係者全員が安心して過ごせる環境を作ります。

2024（令和6）年度に運営基準に追加された条文ですので、確認しておきましょう。

（入所者の安全並びに介護サービスの質の確保及び職員の負担軽減に資する方策を検討するための委員会の設置）

第三十五条の三　指定介護老人福祉施設は、当該指定介護老人福祉施設における業務の効率化、介護サービスの質の向上その他の生産性の向上に資する取組の促進を図るため、当該指定介護老人福祉施設における入所者の安全並びに介護サービスの質の確保及び職員の負担軽減に資する方策を検討するための委員会（テレビ電話装置等を活用して行うことができるものとする。）を定期的に開催しなければならない。

第7章

運営指導に対する保険者等と事業者の動き

01 行政側の職員不足でますます困難になる運営指導

運営指導を実施する保険者等の変化と現状

保険者等が抱える問題

●6年に一度の運営指導が実施できない保険者（市区町村）

6年の指定期間内に1回以上の運営指導を実施するという原則が守られない保険者では、運営指導を担当する職員数に限界があります。

特に**政令指定都市**や**中核市**では、事業者数に対して運営指導を担当する職員数が圧倒的に少ないのが現状です。事業所数に合わせて職員を増員することは、現実的に不可能です。

また、人口10万人に満たない小規模保険者でも職員不足等の事情から、専任の運営指導担当職員を配置することはできませんので、他業務と兼務しながら対応しています。

そこで国は、複数の小規模な市町村が合同で運営指導を実施するよう求めていますが、決して簡単にはいきません。結果として、原則6年に1回以上の運営指導が実施できない事態が生じています。このような問題を抱えている保険者が増えつつあり、これを放置すれば、介護保険サービスの質が今以上に損なわれるのではないかと懸念されています。

●事務受託法人の活用促進

そうした状況を踏まえて、厚生労働省老健局介護保険指導室では、「全国介護保険高齢者保健福祉担当課長会議」等を通じて、以前から保険者や都道府県に対し、「**事務受託法人等の活用**」を促してきました。また、老健局長より各都道府県知事、市区町村長宛てに通知された令和6年3月26日付の老発0326第6号「**介護保険施設等の指導監督について（通知）**」でも、運営指導の留意点として「事務受託法人の活用」を求めています。

カ 事務受託法人等の活用

　実施体制等により単独での実施が困難な場合や第3の2（2）で規定する実施頻度で実施することが困難な場合は、法第24条の2第1項第1号に規定する指定市町村事務受託法人及び法第24条の3第1項第1号に規定する指定都道府県事務受託法人の活用や地方自治法（昭和22年法律第67号）第252条の7に規定する機関等の共同設置を行うなど、複数の市町村と合同で実施すること等について検討すること。

出典：「介護保険施設等の指導監督について（通知）別添1「介護保険施設等指導指針」より抜粋

事務受託法人とはどういうものか

　事務受託法人とは、主に介護保険法に基づいて、市町村などの保険者から委託を受けて、保険者の事務の一部を実施する法人のことです。都道府県が指定することで、特定の事務を行うことができます。

　具体的な特定の事務としては、保険者の指示に基づいて行われる「**居宅サービス担当者等に対する保険給付に関する照会事務**」やケアマネジャーなどの資格を有する者が実施する「**要介護認定調査**」などがあります。**運営指導についても事務受託法人が行うことが可能です。**

　事務受託法人には、大きく2つあります。市町村事務受託法人と都道府県事務受託法人です。いずれも指定を受けた法人が市町村や都道府県の委託を受けて事務を代行することができるよう、**介護保険法第24条の2（指定市町村事務受託法人）及び第24条の3（指定都道府県事務受託法人）**で定められています。

　これを活用し、保険者である市区町村及び都道府県が実施する運営指導業務の一部を事務受託法人に委託するという仕組みです。大きなメリットは、保険者等の事務負担が軽減され、確実に「6年の指定期間内に1回以上の運営指導」を実施できる可能性が高まることです。

（指定市町村事務受託法人）
第二十四条の二　市町村は、次に掲げる事務の一部を、法人であって厚生労働省令で定める要件に該当し、当該事務を適正に実施することができると認められるものとして都道府県知事が指定するもの（以下この条において「指定市町村事務受託法人」という。）に委託することができる。
一　第二十三条に規定する事務（照会等対象者の選定に係るものを除く。）

> 二　第二十七条第二項（第二十八条第四項、第二十九条第二項、第三十条第二項、第三十一条第二項及び第三十二条第二項（第三十三条第四項、第三十三条の二第二項、第三十三条の三第二項及び第三十四条第二項において準用する場合を含む。）において準用する場合を含む。）の規定による調査に関する事務
> 三　その他厚生労働省令で定める事務
> 第二項以下　略

今後増える「事務受託法人」を活用する保険者

　厚生労働省老健局介護保険指導室は、毎年度末に開催する「全国介護保険・高齢者保健福祉担当課長会議」で、事務受託法人の積極的な活用を促してきた効果なのか、ここ数年運営指導を事務受託法人に委託する保険者が増えています。

　例えば、神奈川県では、2024年4月時点で、33市町村（19市、13町、1村）のうち、16の保険者が事務受託法人を活用しています。東京都でも複数の事務受託法人があり、以前から「居宅サービス担当者等に対する保険給付に関する照会事務」や「要介護認定調査」の委託事業を行っていますが、今後は運営指導の委託を受ける可能性があります。

運営指導の質の向上

　数年で人事異動がある自治体の職員は、運営指導業務で培った経験やスキル、ノウハウが後任の職員に確実に引き継げるとは限りません。むしろあまり活かされないことが多かったのではないでしょうか。

　委託を受けた事務受託法人が運営指導を行うことによって、運営指導に関する指導技術や指導経験、情報が集積され、業務の改善が進むことが期待されます。

　事務受託法人による運営指導の大きなメリットは、指導スキル等の向上により、運営指導全体の標準化と効率化が進むことです。今後、介護サービス事業所や介護施設等は、事務受託法人による運営指導を受ける機会が増えていくのではないかと考えられます。

02 市町村事務受託法人と都道府県事務受託法人

事務受託法人が実施する運営指導の例

　実際に指定市町村事務受託法人及び指定都道府県事務受託法人の指定を受け、運営指導業務を行っている某法人の事務局長と担当部署の部長に、現状についてお話を伺いました。了解を得られた範囲で以下に示しますので、参考にしてください。

事務局長K氏と介護福祉部長T氏へのヒアリング

Q1. 運営指導業務の受託開始について

筆　　者：保険者から運営指導の委託を受けて業務を始めたのは、いつ頃でしたか。

事務局長：当法人では、2015（平成27）年度から、**指定市町村事務受託法人**として某保険者の運営指導業務が始まりました。

筆　　者：私も記憶がありますが、受託後数年は、数名の実地指導員（当時）で実地指導（現・運営指導）を行っていたと記憶しています。

事務局長：その後は年々、指導スキルも向上し、経験豊富な運営指導員が育成されてきました。

Q2. 現在、運営指導に関わっている職員の総数などについて

筆　　者：現在、運営指導に従事している職員は何名いらっしゃいますか。

事務局長：30名いますが、事務局職員6名のうち4名が指導業務も兼務しています。

部　　長：事務局職員6名のうち2名は、事務全般の業務に関わっています。

事務局長：運営指導専任が26名で、彼らを**運営指導員**と呼んでいます。

筆　　者：運営指導員の方々の男女比率を教えていただけますか。

部　　長：女性が21名、男性が5名で、圧倒的に女性が多い部署です。

事務局長：女性が多く活躍していることで、指導の雰囲気を和らげたり、運営指導が事業者を支援する目的で行われているという認識を持っていただけると思います。

筆　　者：失礼ですが、運営指導員の方々の年齢構成はいかがでしょうか。

部　　長：正確な平均年齢を計算したことはありませんが、60歳代が多く、50歳代もいます。

事務局長：経験豊富な人材を揃えています。

Q3. 運営指導員の経歴などについて

筆　　者：どのようなご経験を経て運営指導員になられていますか。

事務局長：女性の場合は、ケアマネジャー経験者、介護福祉士資格者や医療、介護の現場経験がある看護師資格者がいます。保育士資格の人もいます。

部　　長：男性は主に行政経験者です。

筆　　者：介護現場の経験者がその経験を活かして運営指導に関わる意義は理解できますが、行政経験者の方の役割やメリットはどういう点にありますか。

部　　長：委託を受けている保険者などの役所との連絡、調整には欠かせない存在です。

Q4. 運営指導員の研修、育成について

筆　　者：運営指導員の研修は、どの程度の頻度で実施していますか。

事務局長：年度初めの4月から5月にかけて、運営指導員の集合研修を16回実施します。1回の研修が5〜6時間になります。

部　　長：研修とは別に、業務の振り返りを毎月1回、行っています。これによって、運営指導員間の情報共有が進み、全体の指導スキルが底上げされています。

筆　　者：行政（保険者）の「運営指導担当者」でも、それだけの研修や業務の振り返りを行うことはできないと思いますが、なぜ、そこまで時間をかけて研修を実施しているのでしょうか。

事務局長：委託を受けている保険者が年々増え、運営指導件数も増えていますから、運営指導員の指導技術や知識もより一層磨きをかけて取り組まなければならないという考え方が必要だと思っています。

部　　長：運営指導員自身も真面目に取り組む積極的な姿勢が感じられるので、研修内容の一部は自主的に決めて行っています。

Q5. 運営指導を受けた事業所、施設等からの苦情やクレーム等について

筆　　者：お尋ねしにくい話ですが、運営指導を受けた事業所や施設などからの苦情やクレームには、どのような内容のものがありますか。

事務局長：年間1,000件を超える運営指導件数ですから、当然、苦情やクレームはあります。介護事業に前向きに取り組んでいる事業所は、運営基準等の微妙な解釈の相違が多く、相応の知識や情報を持って事業を運営されている印象があります。これはいいことだと思います。ただ、介護事業者の二極化が進んでいると感じています。

部　　長：苦情やクレームに対応するためだけではありませんが、**運営指導員マニュアル**というものがあり、マニュアルに沿って対応しています。

Q6. 保険者から委託された運営指導の計画から実施まで

筆　　者：では、運営指導の実施までの具体的な流れについて、簡単にご説明ください。

事務局長：約2か月前までには、**運営指導実施計画**が保険者から送られてきます。計画に沿って運営指導員の担当分けを行います。事業所、施設等への実施通知は保険者が直接発送していますので、その後の連絡、調整業務はこちらで行います。

　　　　　運営指導実施日の2週間前までには事業所、施設から必要な提出資料等が送られてきます。「運営指導員」はこれを読み込んだりして、事業所情報も確認して準備します。

筆　　者：「介護サービス情報の公表制度」の情報なども確認しますか。

部　　長：介護サービス情報の公表制度の公表内容にも目を通すようにしています。

筆　　者：運営指導当日は運営指導員が何名で、どのくらいの時間をかけて実施していますか。

部　　長：基本的に2名で行います。指導にかかる時間は、事業所や施設の状況にもよりますが、3〜4時間程度です。それ以上かかることもあります。

事務局長：特定施設などは時間もかかりますので、3名の運営指導員でお伺いしています。

筆　　者：運営指導実施後の事務処理は、どのようになっていますか。

部　　長：担当した運営指導員が報告書等をまとめます。作成された報告書等を担当課長がチェックしてから、委託を受けている保険者に納品（提出）します。

Q7. 事務受託法人としての運営指導実績について

筆　　者：2015（平成27）年から始められた「運営指導業務」の最近の実施件数などをお尋ねします。委託を受けている保険者数、運営指導実施件数などを教えてください。

令和5年度　運営指導実績

令和5年度　運営指導実績

保険者	A市	B市	C市	D市	E市	F市	G市	H市	I市	J市	K市	L町	M町	N町	合計件数
1 訪問介護	145	19	0	0	0	0	0	0	0	0	0	0	0	0	164
2 通所介護	71	15	0	0	0	0	0	0	0	0	0	0	0	0	86
3 地域密着型通所介護	95	43	6	5	3	4	5	0	4	3	2	2	0	0	172
4 認知症対応型通所介護	24	0	3	1	0	0	0	0	1	0	0	0	0	0	29
5 居宅介護支援	145	23	6	0	4	2	0	37	0	3	0	3	1	0	224
6 訪問入浴介護	10	0	0	0	0	0	0	0	0	0	0	0	0	0	10
7 認知症対応型共同生活介護	115	0	11	3	1	2	4	10	3	0	0	1	1	1	152
8 小規模多機能型居宅介護	25	0	8	0	2	1	2	0	0	0	0	1	1	0	40
9 看護小規模多機能	5	0	3	0	1	0	1	0	1	0	0	0	0	0	11
10 介護予防訪問介護	0	0	6	8	0	0	0	0	0	0	0	0	0	0	14
11 介護予防通所介護	0	0	16	8	0	0	0	0	0	0	0	0	0	0	24
12 夜間対応型訪問介護	10	0	0	0	0	0	0	0	1	0	0	0	0	0	11
13 定期巡回随時対応型訪問介護	10	0	0	0	0	0	0	0	1	0	0	0	0	0	11
14 福祉用具貸与・販売	25	0	0	0	0	0	0	0	0	0	0	0	0	0	25
15 介護予防支援	25	0	0	0	0	0	0	0	2	2	0	0	0	0	29
16 特定施設入居者生活介護	50	0	0	0	0	0	0	0	0	0	0	0	0	0	50
17 地域密着型特定施設入居者生活介護	0	0	0	0	0	0	0	2	0	0	0	0	0	0	2
18 地域密着型老人福祉施設入居者生活介護	0	0	1	0	0	0	0	0	1	0	0	0	0	0	2
19 訪問看護	70	0	0	0	0	0	0	0	0	0	0	0	0	0	70
20 訪問リハビリテーション	10	0	0	0	0	0	0	0	0	0	0	0	0	0	10
21 通所リハビリテーション	15	0	0	0	0	0	0	0	0	0	0	0	0	0	15
合計件数	850	100	60	25	11	9	12	50	13	8	2	7	2	2	1151

事務局長：2023（令和5）年度では、14の保険者の運営指導の委託を受け、32名の運営指導員で指導業務を行いました。実施件数は、合計で1,151件に上ります（資料参照）。

筆　　者：今後も運営指導業務を委託する保険者が増えると思いますが、今年度（2024年度）はどうなりますか。

部　　長：前年度より2つの保険者が加わり、合計16の保険者の運営指導を担当します。

事務局長：16の保険者で、実施件数も年間で1,300件くらいになるのではないかと思います。

筆　　者：本日はお忙しいところ、貴重なお話を拝聴させていただき、心より感謝申し上げます。

03 制度改正・運営基準改正の最新情報を正しく把握することが重要

運営指導を受ける側の居宅介護支援事業所に話を聴く

居宅介護支援事業所の概要

　お話を伺った事業所は、大阪府羽曳野市にある株式会社山勝ライブラリが運営する「ライブラリケアプランセンター」です。

＜運営会社の概要＞
名　　称：　株式会社　山勝ライブラリ
会社設立：　2013年5月
代表者名：　山下　勝巳（代表取締役）
事業内容：　【介護保険サービス】
　　　　　　居宅介護支援、訪問介護、地域密着型通所介護
　　　　　　【その他の事業】
　　　　　　カフェ、レンタルルーム
＜居宅介護支援事業所の概要＞
事業所名：　ライブラリケアプランセンター
事業所指定：　2013年5月
従業者数：　【介護支援専門員】9名（うち5名が主任介護支援専門員）
　　　　　　【事務担当職員】2名
利用者数：　255名

　同事業所は、事務担当職員を含め、11名（うち2名非常勤）で、介護支援専門員9名（常勤）在籍。うち5名が主任介護支援専門員資格を取得しています。

ライブラリケアプランセンターへのヒアリング

・実施日時：2024年8月23日14時から1時間30分
・お話しを伺った方々
　　管理者　木村　嘉寿馬 氏（左）／代表取締役　山下勝巳 氏（同席）
　　筆者（右）

Q1. 今、運営指導を意識し日々の業務で行っていることについて

筆　者：羽曳野市は、運営指導が厳しいと受け止めておられるようですが、現在、運営指導を意識して、日常業務として何か行っていることはありますか。

木村氏：在籍するケアマネジャーから様々な質問や相談がある時は、いっしょに考えたり、調べたりしています。私自身がわからないことも多いので、最初に赤本や青本を確認し、次に厚生労働省のＱ＆Ａで該当する質問がないか調べます。それでもよくわからない場合には保険者の担当者に直接問い合わせるようにしています。

筆　者：それは相当の手間暇がかかりますね。相談、質問等の明確な答えが判明した後は、どうしていますか。

木村氏：もちろん、週1回の定例会議で在籍するケアマネジャー全員に情報として共有するようにしています。そうすることで、他のケア

マネジャーからも疑問に感じることなどの相談や質問が出てきます。

筆　者：他にも何か運営指導を意識して、やっていることがありますか。

木村氏：毎年9月に、事業所全体で「**自己点検シート**」を活用して事業所の業務を点検するようにしています。

筆　者：毎月、新規の利用者を受けている事業所では、事業所の業務を点検する自己点検シートを毎月定期的に実施している事業所もあります。

Q2. 実施通知の到着後に直前対策として準備した経験について

筆　者：過去の運営指導（旧：実地指導）で、実施の通知があってから慌てて短期間で直前対策を行った経験がありますか。またその成果や効果はどうでしたか。

木村氏：私は管理者になったばかりで経験はありませんが、前任の管理者だった山下から、直前対策でかなり時間も労力も費やしたという苦労話を聞いています。

筆　者：それ以降には改善しているのでしょうか。厳しい指導を経験すると次からは慎重になり、日々の事業所運営を改善しようと考えるものです。

木村氏：事業所内にコンプライアンス委員会を設けて、加算要件等の詳細部分を確実に理解し、運営基準の遵守状況を確認しています。また、介護保険最新情報の理解を深める等、管理者だけでなく、複数の目でチェックするようにしました。事業所運営は、通年で計画的に整備し、改善する方向に舵を取りました。私もそれを引き継いでいきたいと考えています。

Q3. 介護サービス情報の公表制度の公表内容やHPの見直しについて

筆　者：来年度から、『「書面掲示」規制の見直し』により、事業所の運営

規程の概要等の重要事項については、原則として事業所内での「書面掲示」が求められていますが、同様の情報をインターネット上でも利用者やその家族が閲覧できるようにしなければなりません。これに対し、介護サービス情報の公表制度の公表内容やホームページの内容の見直し等をどのようにされていますか。

木村氏：正直に申し上げて、ホームページは制度改正時に合わせて更新しているとは言えない状態でした。現在は、小規模な変更、更新は社内で行えるように体制を整えているところです。また、ホームページに重要事項説明書を掲示する予定です。

筆　者：介護サービス情報公表システムの公表内容は、いかがですか。レーダーチャートが正七角形になっていますか。

木村氏：今までは、全く気にも留めていませんでしたが、介護サービスの利用を考えている人やそのご家族に見ていただき、安心感や信頼感を少しでも与えられる内容に改善していきたいと思います。

Q4. 事業所の記録類や帳票類等のデータ管理やICT化について

筆　者：アナログからデジタルへ移行していくスピードは、他の業界に比べ思うように進まず、遅れている介護事業所が多いと言われています。事業所としての記録類や帳票類等のデータ管理やICT化について、何か具体的に計画がありますか。

木村氏：今、準備しているのは、**オンライン・モニタリング**です。一度、要件に当てはまる利用者さんを探して、試行的にやってみようと考えています。

山下氏：急激にデジタル化、ICT化と言っても、ケアマネジャーさんたちはついて行かれないし、無理強いすれば辞められるリスクもありますので、難しいところです。

筆　者：人手不足の折、そんなことで退職者が出てしまったら、意味がありません。やはり、納得を得ながら徐々に進めていくしか方法がなさそうですね。

Q5.「確認項目及び確認文書」の一部改訂について

筆　者：2024年7月4日の「**介護保険施設等運営指導マニュアル**」一部改訂に伴い、別添の「確認項目及び確認文書」も一部改訂されましたが、この内容をご覧になって、事業所の運営に関して改善すべき点が何かありますか。例えば、個別サービスの質に関する事項にある「指定居宅介護支援の具体的取扱方針（第13条）」は、今回の改訂により確認の内容が詳細になりました。

木村氏：改正された運営指導マニュアルの「確認項目及び確認文書」には目を通しましたが、それは気がつきませんでした。

筆　者：2024年度の制度改正を受けて、「身体的拘束等（身体拘束その他利用者の行動を制限する行為を含む）を行っていないか」など、身体的拘束に関する確認項目が3つあります。

木村氏：ケアプランに位置付けたサービスの提供事業所の担当者が、利用者の行動を制限する行為に該当するような対応を無意識に行っていることがありましたので、これまで以上に注意が必要です。

筆　者：ケアマネジャーが、身体的拘束等に直接的に関係することはないと思われますが、ケアプランに位置付けたサービスを提供する場面では、サービス担当者が無意識に「利用者の行動を制限する行為」を行ってしまう可能性がありますね。

Q6. 業務継続計画の策定等、追加4項目の進捗状況について

筆　者：業務継続計画やハラスメント防止対策、感染症予防とまん延防止、虐待の防止などの4項目も新たに追加された確認項目です。
　　　　事業所内では、具体的に委員会の開催や研修計画の立案などが進んでいますか。

木村氏：はい。新年度を迎えた時点で、委員会の開催や研修の計画などを実施するために、担当者を決めました。私も**虐待防止・身体拘束委員会**を担当しています。

筆　者：各委員会の担当者は、誰がどのように決められましたか。

木村氏：代表の山下が決めて、全員に周知できるよう書面にして配布し、説明しました。

筆　者：具体的に、木村さんが担当している委員会はどのように進めていますか。

木村氏：4月から、2か月に1回の頻度で委員会を開いています。これまでに3回開催しました。委員会の開催が負担にならないよう、開催時間が30分程度になるよう事前に議題を決め、周知して効率よく開催しています。

Q7.「管理者の責務」として、具体的に行っている業務について

筆　者：ケアマネ業務に加え、管理者の責務を果たすべき業務もありますが、他のケマネジャーの一日の行動予定の把握や他のケアマネジャーからの報告、相談、連絡にどのように対応していますか。

木村氏：LINEグループを活用して、全員が全員の行動予定を確認できるようにしています。簡単な報告や連絡であれば、十分に機能しています。少し込み入った内容の相談などは、時間を取って対面で対応しています。

筆　者：今後、在宅ワークを含め、**テレワーク**が当たり前になっていくと思いますが、何かお考えになっていますか。

木村氏：ケアマネジャーの業務範囲が広がり、その負担を軽減するには、在宅ワークなどを積極的に取り入れていきたいと考えていますので、新しいルールも必要だと思います。

Q8. 次期改定で議論される「ケマネジメントの利用者負担導入」について

筆　者：ケアマネジメントの利用者負担導入については、約20年前から介護給付費分科会や介護保険部会等で議題として取り上げられ、結論を持ち越してきました。次期報酬改定、制度改正（令和9年度）では、いよいよ導入が現実化し、同時にセルフケアプランの導入

の可能性もあります。今から、そのための対応を準備しています
か。

木村氏：ケアマネジメントの利用者負担導入とセルフケアプランが導入さ
れれば、そのチェックをケアマネジャーが行うことになるかも知
れませんので、事務作業が増えることを予想し、事務担当の従業
者を採用して次期報酬改定、制度改正に備えているところです。

筆　者：運営指導にも関連する報酬請求業務は極めて重要ですので、報酬
体系が簡素化されない限り、請求事務やその他の事務作業は専任
が必要ですね。

Q9. 2024年度より実施された「経営情報の報告」について

筆　者：間接的にも運営指導に関連する「**経営情報の報告**」が義務化され
ました。現場の責任者として、どう対応するか決まっていること
があれば、お聞かせください。

木村氏：正直に言って、全く決まっていません。

筆　者：基本的には、管理者よりも経営者が対応すべき事柄ですが、経営
情報の取りまとめ等については顧問税理士などに任せることにな
るでしょう。ただし、報告義務は事業所や法人、会社にあります。
報告すべき経営情報の内容について、管理者も事前に確認してお
くようにしましょう。

筆　者：今日は、事業所の現状について詳しくお話をお聴かせいただき、大
変参考になりました。
ありがとうございました。

第**8**章

運営指導における指摘事項ゼロを目指す

01 介護事業者の事例で見る内部監査の効用

定期的な内部監査を実施する

内部監査を実施している介護事業者の代表に聴く

　第8章では、まず始めに定期的な内部監査を行うことによって、法令遵守やサービスの質の確保の徹底を図っている介護事業者の例を紹介します。

```
＜株式会社やさしい手仙台の概要＞
会社設立：1999年1月12日
創業者：　現取締役会長　残間孝幸氏
代表者：　代表取締役社長　大森博氏
従業員数：167名（令和2年11月現在）
現　況：　㈱やさしい手フランチャイズチェーン加盟法人として、宮城県仙台市で
　　　　　訪問介護6事業所、居宅介護支援1事業所、通所介護2事業所、住宅型
　　　　　有料老人ホーム1か所を運営。
　　　　　介護保険制度創設の前年から、数名のスタッフでホームヘルパー養成講
　　　　　習事業を開始し、徐々に訪問介護事業と居宅介護支援を展開、現在に至る
```

　宮城県仙台市にある「株式会社やさしい手仙台」の大森博社長から、同社が実施している内部監査について、詳しいお話を伺いました。

　なお、大森社長は「自主点検」という言葉を使われていますが、その内容は実質的な「**内部監査**」です。

　介護事業所が内部監査を行うには、その基準となるものが必要です。

　一般的に手順書やマニュアル等を基準としますが、介護事業所の事業運営については、運営指導と同様に「運営基準」を基に検査、点検することになります。

株式会社やさしい手仙台に見る内部監査の事例

Q1. 点検（内部監査）を始めた動機について

筆　者：貴社が運営している介護事業所、施設等の点検（内部監査）を実施することになった理由（きっかけ）を教えてください。

大森氏：「平成21年度後期ケアプラン適正化事業」実施後の自己点検結果から報酬請求に不備が確認され、平成22年7月に当社の居宅介護支援事業所に対し、居宅介護サービス費の返還の通知がありました。

当時私は統括部長の立場でしたから、その責任を痛感しました。

また、その頃は全国で民間事業者の不正請求や運営基準違反等が目立つようになり、同時期に保険者の営利企業への指導、監査が強化されるようになったこともあります。

筆　者：一度支払われた介護報酬を数年に遡って返還を求められた事業者を何件か見ていますが、それをきっかけに積極的に内部監査を始めた例は少ないです。その時の大森様のご決意をお聞かせください。

大森氏：返還を求められた介護報酬の額があまりにも大きく、二度と同じ失敗を繰り返さないために、前社長と相談しました。その結果、**運営指導よりきめ細かく、厳しい社内点検（内部監査）を行うことを決めました。**

Q2. 事業所の定期的な内部監査の実施状況について

筆　者：いつ頃から点検（内部監査）を始められましたか？

大森氏：居宅介護支援の報酬返還より前に、平成20年度から訪問介護事業の各事業所で自主点検を行い、残間前社長が自ら事業所運営の点検（内部監査）を行うようになりました。平成22年度から全事業所の点検を訪問介護事業の責任者である事業部長と課長が行うようになりました。平成23年度から事業所管理者の相互による点検を行うようになり、現在の仕組みができました。

235

また、通所介護事業については、平成30年度から㈱やさしい手フランチャイズ本部のスーパーバイザーの支援により開始し、その後に部門長による点検（内部監査）を行うようになりました。

筆　者：事業別の点検（内部監査）の頻度はどのようになっていますか？

大森氏：現在、居宅介護支援事業は自己点検シート等を活用し、毎月実施しています。

　　　訪問介護事業は年に１回、全６事業所の点検を管理者が相互に行っています。その他障害サービス、登録特定行為（喀痰吸引等事業者）の点検（内部監査）も年に１回実施しています。通所介護事業も訪問介護事業と同様に年に１回の実施です。

Q3. 内部監査の具体的な実施方法について

筆　者：点検（内部監査）の具体的な実施方法はどのようになっていますか？

大森氏：居宅介護支援事業の場合は、**各ケアマネジャーが運営基準に関する独自のチェックシートで複数回実施しています。毎月最終営業日３日前に、ケアマネジャー間で相互にチェックし、最終営業日２日前には管理者が二次チェックを行います。**

　　　特定事業所加算の要件チェックも独自に作成したチェックシートにより、管理者が点検（内部監査）を行っています。

　　　訪問介護事業の場合は、指定権者である仙台市が作成した「**人員・設備・運営基準等　自己点検シート**」を活用し、主任（主任は各店舗（事業所）のサービス提供責任者に相当）以上の職員が各事業所相互に点検（内部監査）に加わって行っています。

　　　通所介護事業も訪問介護事業と同様にこの自己点検シートを使用して、点検（内部監査）を実施しています。

筆　者：毎年同じ点検項目だと、マンネリ化して緊張感が薄れるのではないでしょうか。そのために何か工夫していることがありますか？

人員・設備・運営基準等 自己点検シート（仙台市）

人員・設備・運営基準等　自己点検シート

【 訪問介護／訪問介護型サービス 】

自己点検にあたって

《 使用方法 》

① 次の基準に基づいて各項目を自己点検し、「点検結果」欄に記号を記入してください。
　　○ ： 基準を理解し、遵守できている
　　△ ： 基準は概ね理解しているが、遵守できていない部分がある
　　× ： 基準を理解しておらず、遵守できていない
　　／ ： 事業所として基準に該当しない
　※ 今までに該当する事例がなかった基準についても、基準の趣旨を理解しているか、
　　今後同様の事例が発生した場合に対応できるかといった視点で点検を行うこと。

② 点検結果が「△」又は「×」となった項目については、別紙「分析シート」を使用して
　現在の事業所の運営状況を分析し、早急に改善を行ってください。
　※ 基準の取り扱い等について不明な場合は、解釈通知やQ＆A等を確認したうえで、

《 その他 》

① 制度改正や職員の入れ替わり時等だけでなく、定期的に自己点検を行ってください。

② 複数の職種・職員での確認や前回の実施結果との比較・分析など、事業所ごとに効果的

このシートで使用する根拠条文の略称については、以下のとおりです。
【 法 】 ： 「介護保険法」
【 条例 】 ： 「仙台市介護保険条例」
【居宅基準】 ： 「指定居宅サービス等の事業の人員、設備及び運営に関する基準」
【総合要綱】 ： 「仙台市介護予防・日常生活支援総合事業における訪問介護型サービス事業者、
　　　　　　　通所介護型サービス事業者、生活支援訪問型サービス事業者及び生活支援通所型
　　　　　　　サービス事業者の指定等に関する要綱」
【居宅報酬基準】 ： 「指定居宅サービスに要する費用の額の算定に関する基準」
【総合報酬要綱】 ： 「仙台市介護予防・日常生活支援総合事業における訪問介護型サービス、通
　　　　　　　所介護型サービス、生活支援訪問型サービス及び生活支援通所型サービス
　　　　　　　に要する費用の額の算定に関する要綱」

事業所名	
記入者職・氏名	【職名・職種】　　【氏　名】
点検年月日	年　　　　月　　　　日

出典：仙台市

大森氏：ご指摘のようなことが気になり、毎年開催される仙台市集団指導
講習会で報告される前年度の運営指導の事例を参考にしたり、運
営指導のポイントや方針を分析したりして、その年の点検項目に
反映しています。

筆　者：今年の実施状況を具体的に教えてください。

大森氏：毎年、計画的に実施するために予定表を作成しています。こちら
が令和2年度自己点検実施予定表です。

自己点検実施予定表

令和2年度　自己点検実施予定表

	実施月	店舗名	実施月日	点検者	店舗担当者	自己点検結果改善指示書提出日	改善報告書締切日	受付日	事後指導	点検完了日
介護保険	1	幸町	1月21日	宮城野店管理者	幸町店管理者	7営業日以内	1月30日	指示から1ヶ月以内 3月2日	3月3日	要 (不要)	3月6日
		泉中央	1月31日	南光台店管理者	泉中央店管理者		2月12日	3月12日	3月9日	要 (不要)	3月12日
	2	吉成	2月13日	若林店管理者	吉成店管理者		2月19日	3月19日	3月19日	要 (不要)	3月24日
		宮城野	2月20日	泉中央店管理者	宮城野店管理者		3月3日	4月3日	4月3日	要 (不要)	4月8日
	3	南光台	3月16日	幸町店管理者	南光台店管理者		3月24日	4月24日	4月24日	要 (不要)	5月15日
		若林	3月17日	吉成店管理者	若林店管理者		3月23日	4月23日	4月30日	要 (不要)	5月12日
障害福祉サービス	4	幸町	4月13日	宮城野店管理者	幸町店管理者	7営業日以内	4月24日	指示から1ヶ月以内 5月24日	5月26日	要 (不要)	6月5日
		泉中央	4月15日	南光台店管理者	泉中央店管理者		4月22日	5月22日	5月14日	要 (不要)	5月22日
	5	吉成	5月21日	若林店管理者	吉成店管理者		5月28日	6月29日	6月26日	要 (不要)	6月29日
		宮城野	5月21日	泉中央店管理者	宮城野店管理者		5月28日	6月29日	7月6日	(要) 不要	7月21日
	6	南光台	6月17日	幸町店管理者	南光台店管理者		6月26日	7月27日	7月22日	要 (不要)	8月21日
		若林	6月15日	吉成店管理者	若林店管理者		6月23日	7月27日	6月29日	要 (不要)	7月10日

※特定行為業務については、障害福祉サービスと同時に点検を行う

出典：㈱やさしい手仙台提供

Q4. 内部監査実施後の監査結果の取扱いについて

筆　者：事業所の管理者間で相互に点検（内部監査）を行い、改善すべき課題が判明した場合の措置はどのようにされていますか？

大森氏：運営指導と同じように、改善すべき点がある場合には点検（内部監査）した管理者が点検された事業所（被監査事業所）に対して、**「自己点検結果指示書兼改善報告書」**にその旨をまとめて提出します。これを受けた被監査事業所の管理者は、期日までに改善状況を報告することになります。

筆　者：そうすることにより、確実に業務の改善が進みますね。一般的な内部監査やISOの継続的改善と同じ手法ですが、効果を実感されていますか？

大森氏：ベテランの社員を中心に定期的に運営基準等の知識を深めているので、日々の運営業務が適正に行われています。

自己点検結果指示書兼改善報告書

点検結果報告及び改善指示書

兼改善報告書

店　名	訪問介護事業所　A	点検実施年月日	令和２年３月１６日（月）
		改善報告年月日	令和２年４月２０日（月）
点検者職名　氏名		訪問介護事業所　B　管理者●●●●	
報告者職名　氏名		訪問介護事業所　A　管理者●●●●	

点検結果及び改善指示事項	改善状況の報告
【（介護予防）訪問介護事業所】 1「指定訪問介護事業者は、指定訪問介護を提供した際に、当該指定訪問介護の提供日及び内容、当該指定訪問介護について法第４１条第６項の規定により利用者に代わって支払を受ける居宅介護サービス費の額その他必要な事項を、利用者の居宅サービス計画を記載した書面又はこれに準ずる書面に記載しなければならない」とされているが、整合性がとれない事例が見受けられるので改めること。 （居宅基準第１９条）	1　ご指摘がありました▲▲様の記録書を訂正しましたので、ご確認ください。 資料①
2「サービス提供責任者は、利用者の日常生活全般の状況及び希望を踏まえて指定訪問介護の目標、当該目標を達成するための具体的なサービスの内容等を記載した訪問介護計画を作成しなければならない」とされているが援助の方向性の検討が不十分 なこと、また、「訪問介護計画書を作成した際には遅滞なく利用者に交付しなければならない」とされているが、適切に実施されていない事例が見受けられるので改めること。 （居宅基準第２４条）	2　ご指摘がありました◆◆様、◇◇様の情報収集した記録を更新しましたので、ご確認ください。 資料②－1 資料②－2 2　ご指摘がありました●●様の訪問介護計画書（1）を作成しましたので、ご確認ください。 資料③

出典：㈱やさしい手仙台提供

Q5. 長年の内部監査による具体的な効果（成果物）について

筆　者：10年以上継続されている自主的な点検（内部監査）により、その成果を実感されているようですが、具体的な効果を教えてください。

大森氏：運営基準や介護報酬、加算報酬の根拠となる書類、記録等が整備され、**介護サービス情報の公表に係る訪問調査や運営指導の際にも慌てることなく対応できています。**

筆　者：事業所の職員の方々の意識も相当変わったと思いますが、どのように変化しましたか？

大森氏：実際に運営指導の実施通知を受けても、準備に要する時間は少な

く、日常業務にも支障はありません。むしろ職員たちは、「行政担当者がわざわざ出向いて指導に来てくれる。」と、前向きに受け止めています。

筆　者：定期的な点検（内部監査）を始めてから、運営指導の結果にどのような変化がありましたか？

大森氏：点検を開始してから、各事業所の運営指導による指摘事項が減りました。平成28年度からの４年間で５事業所の運営指導がありましたが、文書による指摘事項は１事業所１項目のみでした。

筆　者：大森社長のお話をうかがっていると、継続的に実施している点検（内部監査）が単なる運営指導対策ではなく、それ以上の成果を上げられていると感じますが、いかがでしょうか？

大森氏：自己点検や相互の点検は、「法令遵守を徹底すると同時に、スタッフのスキルを向上させるための機会である。」という認識で実施しています。各事業所が指摘事項を運営課題とすることで、改善過程を通じてスタッフ全員が運営基準等について理解を深め、専門性を高めることが可能になる仕組みとなっています。

　　　　特に、訪問介護事業ではサービス提供責任者のサービスプロセス管理能力の向上に役立っており、特定事業所加算についても自信をもって算定することができています。また、居宅介護支援事業所ではケアマネジャーが個々の自己管理、自己点検では発見できない不備を把握することで、当月中に修正することができ、正確な報酬請求業務につながっています。

　　　　ケアマネジメント業務は、個々のケアマネジャーの自己完結に陥りやすく、不備や間違いに気付きにくいものですが、定期的な点検を通じて他のケアマネジャーから指導、助言を受けることにより、サービスの質の向上の継続性が担保されています。

　　　　また、日常的に指導や助言の機会が多くなり、人材を育成する環境も確保できています。

筆　者：大変貴重なお話をお聴かせいただき、ありがとうございました。

02 第三者評価制度の利用はまだまだ少ない

第三者評価などの外部監査を活用する

第三者の視点でチェックする外部監査

筆者は、以前外部監査や第三者評価に関わっていたことがあります。

介護事業だけでなく、大型商業施設を運営する会社の依頼によりテナント店舗の覆面調査を行って、店舗ごとの顧客対応やサービス提供の品質チェックを実施したこともあります。また、某政令市の複数の区役所の窓口対応や電話対応の覆面調査に携わったこともあります。

依頼者は、第三者の客観的な視点で評価された結果を重視し、**内部監査等では発見できない改善課題を見つけることができる**と考えているのです。

顧客サービスとしての品質管理の向上

介護従事者や介護職員が最新の介護技術を身に付け、必要な知識を学ぶことは、サービスの質の向上のためにも継続が必要です。同時に、サービスの依頼から提供、その後のモニタリングなどを含む一連のサービス提供プロセスの管理も極めて重要です。それが介護サービスの品質管理です。

定期的な内部監査や自主的な点検、自己点検等々を行うことは、顧客サービスの品質管理の観点から大変重要であり、必要な管理業務です。加えて外部監査を活用することは、**より顧客の視点に近づけて点検ができるという大きなメリット**があります。

前節のやさしい手仙台では、居宅介護支援が毎月自己点検を行い、訪問介護や通所介護は事業所管理者相互で行う内部監査（自主点検）を年に1回実施しています。これらを補完する意味で、**2、3年に一度の外部監査を行えば、内部監査の成果も客観的に検証できる**ものと考えられます。

03 利用者や家族のアンケート調査と
事業所内自己評価

自己評価とアンケート評価を組み合わせる

ホテル業界に見る顧客満足度調査の実践

　筆者は、数年前まで仕事で出張することが多く、頻繁にビジネスホテルを利用していました。客室に入ると、必ずデスクやテーブルに置いてあるのがアンケート用紙です。どのホテルにもあり、それだけ宿泊者である顧客の声に耳を傾ける姿勢が明確だということを現わしていました。

　アンケート用紙の回収方法には2種類がありました。1つは記入したアンケート用紙をそのままデスクの上に置いておくという方法、もう一方はチェックアウトの際にフロントのスタッフに手渡すという方法です。

　また、数少ない事例として、アンケート用紙を封筒に入れ、後日投函するという方法もありました。その封筒の宛先は「○○ホテル統括マネージャー　行」とか、「○○ホテル支配人　行」でした。ホテルの管理責任者に直接到達するアンケート用紙であれば、顧客は本音でアンケートに答えるだろうという考え方があるようです。

顧客満足度への対応が遅れている介護業界

　介護事業では、利用者やその家族に対して介護サービスに関するアンケート調査を行っているでしょうか。

　時々耳にするのは、「利用者から、『いつもありがとう。』と言われていますから、きっとご満足いただいていると思います。」とか、「ご家族から、『ヘルパーさんが来てくれるから本当に助かっている。』と、よく言われ、感謝されています。」という介護事業所管理者の話です。これだけで利用者や家族の顧客満足度が高いと判断しているようですが、利用者や家族は本当

にそう思っているのでしょうか。筆者は、複数の介護事業者から「利用者アンケート調査を実施して、予想外の結果が出ました。」とか、「利用者アンケート調査で、我々が見落としていたことに気付きました。」などという声を聞いたことがあります。

顧客満足度を正確に把握するという点においては、明らかに介護業界は遅れていると言わざるを得ません。

また、アンケートの集計結果をホームページなどに掲示している介護事業者はまだまだ少ないです。集計・分析結果から改善すべき課題が抽出され、サービス提供や利用者、家族への対応方法などの質向上につなげるためにも、定期的にアンケート調査を実施した方がよいでしょう。

アンケート調査と事業所内自己評価

事業所内では自己評価を行い、アンケート調査で利用者や家族の顧客満足度を把握し、その結果を分析しています。**アンケートの集計・分析結果と事業所内自己評価結果を突き合わせると、事業所としての強みや弱みが客観的に見えてきます。**

顧客アンケート調査は準備が大切で、何を知りたいかによっても、その内容、質問項目が変わります。

例えば、新規の利用者だけを対象としたアンケート調査を行う場合には、初めて利用する介護サービスをどう受け止めているか、サービス提供の状況、日常生活の変化などが考えられます。対象は、サービス利用期間が1年未満、あるいは半年以内の利用者に限定します。

また、要介護度を限定したアンケートも考えられます。例えば、要介護1・2に限定するとか、重度の利用者だけを対象とする方法もあります。

筆者が介護サービス情報の公表制度の調査員として、介護事業所や介護施設を訪問し調査した件数は約330か所です。その多くは、事業所内自己評価を行っておらず、そもそもそのやり方、実施する意義も理解されていませんでした。

事業所内自己評価表のモデルを紹介しますので、参考にしてください。

居宅サービス事業者のサービス評価項目

居宅サービス事業者のサービス評価項目（訪問介護、訪問看護用）

【自己評価の意義・目的】
○自己評価は、事業者自らが主体的にサービスの評価を行い、サービスの提供状況を見直すことにより、
　サービスの質の向上を図るシステムの1つです。
○サービスの質の向上は、この自己評価をはじめ、事業者の取り組みを第三者の目で確認して評価を行う
　第三者評価、苦情解決制度や権利擁護制度、さらには、アンケート調査等による利用者からの声の反映、
　オンブズマン機能などが相まって実施されることにより達成されるものです。

記入年月日	平成　　年　　月　　日
法人名	
代表者（理事長）名	
介護保険事業所番号	２７□□□□□□□□
事業所　名称	
所在地	
記入担当者職・氏名	（職）　　（氏名）　　　連絡先電話番号　　　－　　　－

【自己評価の実施方法】
○法人代表者の責任の下に、管理者が従業者と協議しながら実施してください。
○「評価項目」ごとに該当する□①などの□にチェックをした上で、Ａ・Ｂ・Ｃのいずれかの□にチェックをし、
　評価をしてください。
○その判断した理由や根拠のポイントを記入してください。
○少なくとも、年に1回は自己評価を実施してください。
○優れている点や改善すべき点などを確認した場合には、別途、記録しておいてください。
○改善すべき事項については、改善のための計画（任意様式）を作成するなど、事業所で改善に取り組んで
　ください。
○評価結果及び記録等は、評価を完了した日から2年間は保存してください。

【評価項目の構成】
Ⅰ　組織体制
　1　運営方針等
　2　事業計画
　3　管理者及びサービス提供責任者の役割
Ⅱ　人材育成
　1　職員の資質の向上
　2　福祉人材の育成
Ⅲ　利用者本位
　1　コミュニケーション
　2　人権・プライバシーの保護
　3　自立支援
　4　対等なサービス利用
　5　訪問介護計画
Ⅳ　適切なサービス運営
　1　サービス運営
　2　相談
　3　苦情の対応
　4　事故発生時の対応
　5　衛生管理
　6　地域との連携
　7　自己評価
Ⅴ　介護技術
　1　食事介助
　2　入浴介助
　3　おむつ交換
　4　排泄介助
　5　移乗・移動介助
　6　褥瘡予防
　7　認知症高齢者への対応
　8　家事援助

出典：大阪府／様式ライブラリーより

自己評価シート

自　己　評　価　シ　ー　ト（訪問介護、訪問看護用）

Ⅰ　組織体制

1　運営方針等		判断した理由や根拠
①事業の目的や運営の方針を職員に周知している。	Ａ□　会議や研修などを通じて事業の目的や運営の方針が記載された書面を配布し、周知徹底を図っている。 Ｂ□　事業の目的や運営の方針を職員に周知しているが、それらを記載した書面の配布は行っていない。 Ｃ□　事業の目的や運営の方針を職員に周知していない。	
②サービスの質の向上に向けた業務改善に取り組んでいる。	Ａ□　会議や委員会などを通じて業務改善に関する職員の意見を定期的に把握した上で、これを活かした業務改善に取り組んでいる。 Ｂ□　業務改善に取り組んでいるが、十分には業務改善に関する職員の意見を反映したものとはなっていない。 Ｃ□　サービスの質の向上に向けた業務改善に取り組んでいない。	

2　事業計画		判断した理由や根拠
①サービスの質の向上を意識した事業計画を策定している。	Ａ□　サービスの質の向上を図るための具体的な取り組みが事業計画に記載されている。 Ｂ□　サービスの質の向上を意識した事業計画ではあるが、事業計画に具体的な取り組みが記載されていない。 Ｃ□　サービスの質の向上を意識した事業計画を策定していない。	
②事業計画の実施状況に関して評価を行っている。	Ａ□　事業計画に関する実施状況及び結果の評価を行っており、その際には、職員の意見を聞いている。 Ｂ□　事業計画に関する実施状況及び結果の評価を行っているが、その際には、職員の意見を聞いていない。 Ｃ□　事業計画に関する実施状況及び結果の評価を行っていない。	

3　管理者及びサービス提供責任者の役割		判断した理由や根拠
①管理者やサービス提供責任者として果たすべき役割が明確に位置づけられている。	Ａ□　サービスの質の管理責任者であること及び利用者からの相談、苦情等への対応責任者であることが明確に書面で定められている。 Ｂ□　明確に書面には定められていないが、サービスの質の管理責任者であること及び利用者からの相談、苦情等への対応責任者であることが位置づけられている。 Ｃ□　サービスの質の管理責任者であること及び利用者からの相談、苦情等への対応責任者であることが位置づけられていない。	
②積極的に職員に助言したり、相談にのったりしている。	Ａ□　常日頃から職員との意思疎通に心がけ、職員が困難に遭遇していることや職員から相談を持ちかけられそうなことを事前に察知し、積極的に助言を行っている。 Ｂ□　職員が困難に遭遇していることを発見した場合や職員から相談を持ちかけられた場合には、助言を行っている。 Ｃ□　職員に助言したり、相談に乗ったりする取り組みを行っていない。	

出典：大阪府／様式ライブラリーより

04 管理者には従業者に運営基準を遵守させる責務がある

事業所全体で運営基準の理解を深める

運営基準は管理者だけが理解すればよいわけではない

　「指定居宅サービス等の事業の人員、設備及び運営に関する基準」、「指定居宅介護支援等の事業の人員及び運営に関する基準」及び「指定介護老人福祉施設の人員、設備及び運営に関する基準」（以下、「運営基準」という）には、それぞれ「**管理者の責務**」という条項があります。

　例えば、指定居宅サービスの運営基準の第28条第2項には、「2　指定訪問介護事業所の**管理者は、当該指定訪問介護事業所の従業者にこの章の規定を遵守させるため必要な指揮命令を行うものとする。**」とあります。指定居宅介護支援等の運営基準では第17条第2項で、指定介護老人福祉施設の運営基準では第22条第2項で、それぞれ管理者に求めている全く同じ内容が記されています（次ページ参照）。

　管理者は責務として、事業所の従業者等に対し「この章の規定を遵守させる…」となっています。従業者等が運営基準を遵守しながら業務を遂行するには、運営基準を十分に理解していなければなりません。

　管理者や施設長の一部には、「ヘルパーさんは難しいことはわからないから、とにかく利用者に寄り添ってサービスを提供してくれればよい」とか、「施設運営の責任は施設長にあるので、介護職員は入所者のことだけ考えて仕事していればそれで十分だ」という考え方が見受けられます。

　しかし、本当にそれでよいのでしょうか。野球やサッカーの選手に、「細かいルールを知らなくてもいいから、プレーに集中してくれればいい。」という監督がいるでしょうか。ルールやセオリーを十分に理解していない選手はいないはずです。

＜指定居宅サービス等の事業の人員、設備及び運営に関する基準＞
（管理者及びサービス提供責任者の責務）
第二十八条　指定訪問介護事業所の管理者は、当該指定訪問介護事業所の従業者及び業務の管理を、一元的に行わなければならない。
2　指定訪問介護事業所の管理者は、当該指定訪問介護事業所の従業者にこの章の規定を遵守させるため必要な指揮命令を行うものとする。

（第3項省略）

＜指定居宅介護支援等の事業の人員及び運営に関する基準＞
（管理者の責務）
第十七条　指定居宅介護支援事業所の管理者は、当該指定居宅介護支援事業所の介護支援専門員その他の従業者の管理、指定居宅介護支援の利用の申込みに係る調整、業務の実施状況の把握その他の管理を一元的に行わなければならない。
2　指定居宅介護支援事業所の管理者は、当該指定居宅介護支援事業所の介護支援専門員その他の従業者にこの章の規定を遵守させるため必要な指揮命令を行うものとする。

＜指定介護老人福祉施設の人員、設備及び運営に関する基準＞
（管理者の責務）
第二十二条　指定介護老人福祉施設の管理者は、当該指定介護老人福祉施設の従業者の管理、業務の実施状況の把握その他の管理を一元的に行わなければならない。
2　指定介護老人福祉施設の管理者は、従業者にこの章の規定を遵守させるために必要な指揮命令を行うものとする。

　介護保険制度の下で介護サービスを提供するには、施設、事業所全体で運営基準を理解することが大前提です。少々時間がかかっても従業者や介護職員が事業運営に必要なルールを理解することにより、運営指導における指摘事項ゼロを目指すスタートラインに立つことができます。

運営指導担当者より理解を深めておくことが強みになる

　都道府県や市町村の運営指導や監査を担当する職員は、数年で移動になります。同じ職場に20年も勤務することはあり得ません。介護事業所の管理者や介護施設の施設長、居宅介護支援事業所の管理者や介護支援専門員

などは、介護現場に長く携わってきた経験や知識があります。

一方、行政職員は定期的に人事異動があり、年度末まで消防署勤務だった職員が新年度から介護保険課に異動になることもあります。

最悪なのは、異動に伴う引き継ぎがほとんどできないケースが多いと聞いたことがあります。結局、新しい職場に赴任して未経験の業務に就いてから、短期間で必要な情報や知識、業務の現状を把握することになります。

これには個人差があり、俗人的な対応になりがちです。真面目で几帳面な人ほど徹底した理解に努めるでしょうが、そうでなければ、業務に支障がない程度の概要を理解するだけとなっていても不思議はありません。

介護事業所の管理者や介護施設の施設長、介護支援専門員などを務める人々にとって、長年培ってきた経験や知識、資格や体得した技術などを強みとして活かすにはどうすればよいのでしょうか。

それには、日々行われている業務の1つひとつを、運営基準の各条項に照らして考えるように意識することです。**従業者等が運営基準を十分に理解してサービスを提供するようになると、事業所全体、施設全体の大きな強みになります。運営指導があった場合に、それをやり過ごすための場当たり的な運営指導対策を行う必要もなくなります。**

「運営指導における指摘事項ゼロを目指す」ことは、決して無理なことではありませんし、特別に難しいことでもありません。むしろ、事業所全体、施設全体のサービス提供業務の品質が向上し維持されることにつながります。本章の冒頭でご紹介した㈱やさしい手仙台は、その事例として大いに参考になります。

第9章

報酬請求指導で
確認される
加算報酬の請求

01 報酬請求を確認し不正請求を防止する

報酬請求指導の概要

目的は不正請求の防止と制度管理の適正化

「報酬請求指導」は、報酬基準に沿って正しい介護保険給付の事務処理を行うことを支援し、**要件に適合した加算に基づくサービス提供を支援することにより、不正請求の防止と制度管理の適正化を図る**ことを目的としています。

具体的には、主に事業所や施設等が届出等により実施する各種加算に関する算定及び請求状況について、確認を行います。確認文書の一部を活用し、確認する場合もありますが、基本的には各種加算等の算定要件にかかる記録等の文書により、その適合性について確認します。

また、加算報酬の請求については、その算定要件が満たされていても取扱いが不十分である場合は、正しい理解に基づく取扱いをするよう改善指導を行うことがあります。

この指導でも、基本的には事業所、施設において実地に確認を行うことを想定していますが、現場に行かなくても確認可能と判断できる場合は、実地以外の方法として、**オンライン会議システム等**を活用することもあります。

なお、介護報酬の基本報酬部分については、算定した単位数が実際の提供サービスと合致していることを確認します。

不正請求とは

不正請求とは、**法令や基準に違反し、かつそれを偽って介護報酬を請求すること**を言います。**意図的な不正請求を長期間続けていれば、悪質性が**

高いと判断されます。

具体的には、「架空請求等」の行為を言います。例えば、実際にはサービスを提供していないにもかかわらず、サービスを提供したように装って、介護報酬の請求を行った場合や、一定の人員基準を満たすことが要件である加算について人員が不足しているにもかかわらず、加算要件を満たしているものと偽って請求した場合、サービス提供の所要時間によって単位数が定められている場合に実際にサービスを提供した時間に対応する単位数を超えた単位数により請求した場合等が、「**不正請求**」に該当します。

一方、制度の理解不足等による単なる誤った介護報酬請求と認められる「不当な請求」とは、例えば、ある加算報酬が一部の算定要件を満たしていないにもかかわらず報酬を請求していた場合等が、これに当たります。

不正請求の疑いは監査に切り替える

報酬請求指導では、このような不適正な請求行為が確認された場合には、単なる誤りなのか、偽りやその他不正な行為かの判断が必要です。その判断については、監査を行って事実関係を確認しなければ断定はできないため、そのような場合は速やかに監査に切り替え事実関係を確認することがあります。なお、監査の結果によっては、不正ではないという判断に至る場合もあり得るでしょう。

報酬請求指導や監査により、不正請求ではなく単なる請求上の誤りと判断され、事業所、施設が自主点検の上、過誤調整を行うよう指導された場合は、行政指導には強制力がないものの、あくまでも自主的に過誤調整を履行することになります。

02 意図的な不正請求は指定取消の恐れもある

不正請求にならないよう予防する

集団指導講習会で公表された不正請求事例を確認

　都道府県や市区町村等の保険者では、年に１回以上の**集団指導講習会**が実施されます。

　講習会のカリキュラムは、①介護給付等対象サービスの取扱い、②介護報酬請求について、③制度改正の内容説明、④高齢者虐待事案などを含む過去の指導事例等を中心に構成されています。

　特に「②介護報酬請求について」は、過去の指導事例を参考にして**振り返り**に活用しましょう。

　以下は、横浜市の「令和５年度集団指導講習会資料」の「指導・監査等における指摘状況について」から抜粋したものです。

指導・監査等における指摘状況について（横浜市の例）

4　介護報酬等
　（各サービス共通）

状況	改善指示内容
【同一建物減算】※一部サービス除く ・事業所と同一建物に居住する利用者について同一建物減算を適用していなかった。	・減算の算定要件を確認し、適切に算定すること。既請求分は全利用者について遡って減算の適否を確認し報酬差額を返還すること。 ※建物の種別は問いません。
【処遇改善（特定）加算】 ※一部サービス除く ・処遇改善計画内容を従業員に申請時に職員に周知していなかった。 ・事務員や看護師等の介護職員以外の賃金改善に充当されていた。（処遇改善加算）	・申請時に計画の内容を職員に周知すること。 ・処遇改善加算は算定要件を確認し、加算受給額を上回る内容で 介護職員の賃金改善 を行うこと。

（居宅介護支援）

状況	改善指示内容
【退院・退所加算】 ・「カンファレンス有」の単位を算定していたが、カンファレンス参加者の要件を満たしていなかった。	・カンファレンス参加者の要件を確認し、満たしていない場合は返還すること。
【入院時情報連携加算】 ・当該加算を算定していたが、定められた日数以内に病院への情報提供が行われていなかった。 ・FAX等で連携した際に到着確認をしてなかった。又はその記録がなかった。	・（Ⅰ）は3日以内、（Ⅱ）は4日以上7日以内に必要な情報を提供した場合に算定すること。 ※提供日は「1日目」と数えます。 ・FAX等で連携した際には到着確認しその旨記録すること。
【特定事業所集中減算】 ・居宅サービス計画に位置付けた同一の事業者の割合を全く確認していなかった。 ・同一の事業者の割合が 80％を超えているにも関わらず、報告書を期限内に提出していなかった。	・年2回（9・3月）必ず居宅サービス計画に位置付けた同一事業者の割合を確認すること。 ・確認の結果 80％を超えた場合は、報告書を作成し期限内に提出すること。 ※期限内に提出がない場合、正当な理由があっても減算が適用されます。

（訪問系サービス）

状況	改善指示内容
【訪問介護】 ・利用者又はその家族等の同意がなく2人の訪問介護員による提供を行っていた。	2人の訪問介護員による提供は、利用者又はその家族等の同意を得て行うこと。また、2人での提供が必要と判断した理由を訪問介護計画書等に記録すること。
【訪問介護・特定事業所加算】 ・一部の訪問介護員の健康診断が行われていなかった。	・全ての訪問介護員に対し、少なくとも1年以内ごとに健康診断を事業主の負担により実施すること。
【訪問介護・初回加算】 ・サービス提供責任者が同行していなかった、又は同行していることが記録から確認できなかった。	サービス提供責任者が同行し、その状況を記録すること。
【訪問介護・緊急時訪問加算】 ・介護支援専門員と連携して対応した状況が記録されていなかった。	介護支援専門員との連携・承認、利用者等からの要請時刻・内容、訪問介護の提供時刻等を記録し、訪問介護計画は必要な修正を行うこと。
【訪問入浴・サービス提供体制加算】 算定要件の従業者総数の内の勤続年数の割合を管理者が把握していなかった。	・算定要件を把握して適切に算定すること。

（通所系サービス）

状況	改善指示内容
【通所介護】 ・サービス計画に位置付けのないまま、単に気分転換を目的として屋外でサービス提供を行っていた。	・あらかじめサービス計画に位置付けた上で、効果的な機能訓練等のサービスが提供できる場合にのみ屋外でのサービスを提供すること。

【通所介護】 ・サービス提供中に理美容サービスの提供を受けていた。	・事業所内でのサービス提供中に、理美容サービスを提供しないこと。 ※通所介護は施設や居住系事業所ではないため、原則として、サービス提供中に理美容サービスなどの提供はできません。
【通所介護・認知症加算】 ・「厚生労働大臣が定める利用者」に適合するか確認せず、利用者全員に対し算定していた。	・医師の判定結果又は主治医意見書等により「日常生活自立度」を確認し、適合する利用者のみ算定すること。 ※ランクⅢ、Ⅳ又はM
【通所介護・個別機能訓練加算】 ・個別機能訓練計画を多職種共同により作成していることが確認できなかった。 ・個別機能訓練計画の作成の利用者の居宅への訪問が、半年に1度となっていた。 ・特定の曜日のみ専従の機能訓練指導員を配置して加算を算定していた。	・機能訓練指導員、看護職員、介護職員、生活相談員等が共同し利用者ごとに当該計画を作成すること。 ・3か月ごとに1回以上、機能訓練指導員等が利用者の居宅を訪問し、生活状況を確認した上で、利用者またはその家族に訓練の進捗状況等を説明し記録すること。 ・特定の曜日のみに専従の機能訓練指導員を配して加算を算定することが可能だが、あらかじめ利用者にその旨説明をしておくこと。
【通所介護・口腔機能向上加算】 ・評価の結果を介護支援専門員、主治医、歯科医に情報提供していなかった。	・利用者の口腔機能の状態に応じて、おおむね3月ごとに口腔機能の状態の評価を行い、その結果を介護支援専門員、主治医、主治の歯科医に対し情報提供すること。

> ※**各種加算について**
> 　加算の算定要件を必ずご確認の上、適切に算定してください。
> なお、要件を満たさずに算定していた加算については速やかに返還をしてください。また、算定要件を満たせなくなった加算については、速やかに取り下げを届け出てください。

出典：令和5年度横浜市指定介護サービス事業者等集団指導講習会資料より抜粋

「各種加算等自己点検シート」等による定期的な点険

　「介護保険施設等運営指導マニュアル」は、マニュアル本文と3つの別添があります。

　別添1は「確認項目及び確認文書」で、本書でも要点を掲載しています。また別添2が「各種加算等自己点検シート」、別添3が「各種加算・減算適用要件一覧」で、サービスごとに掲示されていますので、この2点を活用して定期的に施設、事業所の介護報酬請求業務を点検しましょう。

　施設、事業所の加算算定状況によっては、年に2回から四半期に1回程度の点険が必要だと考えられます。日頃から「誤った報酬請求」を予防す

る意識で取り組みましょう。

介護ソフトによる自動チェック機能の活用

　ICT化が進む中で、介護ソフト各社は、介護報酬請求業務に関わる様々な周辺機能を装備した商品を販売しています。加算や人員基準の自動チェック機能などもあります。

　他にもシフトと出退勤情報の管理、整合性チェック機能や月々の勤務形態一覧表の自動作成機能などもありますので、可能な限り活用し、業務の効率化を進めましょう。

■著者紹介

福岡　浩（ふくおか　ひろし）

　介護業務運営・業務改善コンサルタント。元介護サービス情報の公表制度主任調査員。某保険者の運営指導実務担当（2021年度）。

　㈱やさしい手FC事業部（現：コンサルティング事業部）で6年間、FC運営指導業務を担当した後、独立し、2005年4月、有限会社業務改善創研を設立。介護事業者に対する介護事業運営とその業務改善に関わる指導、支援業務（コンサルティング）等を開始。

　2006年4月より神奈川県介護サービス情報の公表制度主任調査員を務め、通算330か所以上の介護サービス事業所、介護施設等の調査を担当。また、民間企業や地方自治体の主催する介護事業経営者、介護事業所管理者向けの数多くのセミナー、研修会等の講師を務めるほか、『ケアマネジャー』（中央法規出版）、『達人ケアマネ』（日総研出版）などにも寄稿している。

　主な著書に、『プロの調査員が教える！　介護事業所・施設の選び方が本当にわかる本』（自由国民社）、『訪問介護・通所介護・居宅介護支援　選ばれる事業所運営の鉄則』（日総研出版）がある。

〔連絡先〕
e-mail：gks_hfukuoka@yahoo.co.jp　　　　携帯電話：090-3514-7242

〔主な資格・研修実績等〕
介護支援専門員実務研修修了（東京都）
「介護サービス情報の公表制度」に係る調査員養成研修修了（神奈川県）
かながわ福祉サービス第三者評価推進機構評価調査者養成研修修了（神奈川県）
横浜市第三者評価調査員養成研修修了（横浜市）

※本書は原則2024（令和6）年11月1日現在の法令等に基づいています。制度の詳細については、今後も法律、省令、告示、厚生労働省通達・通知などの改正・改定により変更されることもあり得ますので、厚労省HPなどで最新情報をご確認願います。
※本書は、2021年4月小社発行の『標準化・効率化方針でこう変わった！　実地指導　基本と実務対応』を改題の上、最新情報で改訂した改訂新版です。

ここがポイント！ここが変わった！
運営指導への実務対応

2025年1月7日　初版第1刷発行

著　者／福岡　浩
発行者／石井　悟
印刷所／大日本印刷株式会社
製本所／新風製本株式会社
発行所／株式会社自由国民社
　　　　〒171-0033　東京都豊島区高田3-10-11
　　　　営業部　TEL 03-6233-0781／FAX 03-6233-0780
　　　　編集部　TEL 03-6233-0786／FAX 03-6233-0790
　　　　URL https://www.jiyu.co.jp/

カバー、27、90、185頁のイラスト：ken-stock.adobe.com
19、74頁のイラスト：マツ/PIXTA

■装幀・吉村朋子／本文DTP・㈲中央制作社

©2025　自由国民社　Hiroshi Fukuoka, Printed in Japan

●造本には細心の注意を払っておりますが、万が一、本書にページの順序間違い・抜けなど物理的欠陥があった場合は、不良事実を確認後お取り替えいたします。小社までご連絡の上、本書をご返送ください。ただし、古書店等で購入・入手された商品の交換には一切応じません。
●本書の全部または一部の無断複製（コピー、スキャン、デジタル化等）・転訳載・引用を、著作権法上での例外を除き、禁じます。ウェブページ、ブログ等の電子メディアにおける無断転載等も同様です。これらの許諾については事前に小社までお問合せください。また、本書を代行業者等の第三者に依頼してスキャンやデジタル化することは、たとえ個人や家庭内での利用であっても一切認められませんのでご注意ください。
●本書の内容の正誤等の情報につきましては自由国民社ホームページ内でご覧いただけます。　https://www.jiyu.co.jp/
●本書の内容の運用によっていかなる障害が生じても、著者、発行者、発行所のいずれも責任を負いかねます。また本書の内容に関する電話でのお問い合わせ、および本書の内容を超えたお問い合わせには応じられませんのであらかじめご了承ください。